JN398331

작아도 기분 좋:은
일본.의 땅콩.집.

작아도 기분 좋:은
일본.의 땅콩.집.
6평부터 시작하는 행복한 집짓기 150가지 방법

주부의 친구 편집부 지음 · 박은지 옮김 · 이현욱 감수

마티

국립중앙도서관 출판시도서목록(CIP)

작아도 기분 좋은 일본의 땅콩집 : 6평부터 시작하는 행복한 집짓기 150가지 방법 / 주부의 친구 편집부 지음 ; 박은지 옮김. -- 서울 : 마티, 2011
259p. ;   167×230 cm

원표제: 小さくても居心地のいい家を建てる152のコツ
감수: 이현욱
일본어 원작을 한국어로 번역

ISBN 978-89-92053-52-5 (13590) : 18,000원

단독 주택[單獨住宅]
주택 건축[住宅建築]

617.81-KDC5
728.3-DDC21   CIP2011004574

작아도 기분 좋은 일본의 땅콩집
주부의 친구 편집부 지음 | 박은지 옮김 | 이현욱 감수

CHIISAKUTEMO IGOKOCHINO II IEWO TATERU 152NO KOTSU
Copyright © 2007 by SHUFUNOTOMO CO., LTD.
All rights reserved.

No part of this book may be used or reproduced in any manner whatsoever without written permission except in the case of brief qoutations embodied in critical articles and reviews.
Originally published in Japan in 2007 by SHUFUNOTOMO CO., LTD.
Korean Translation Copyright © 2011 by Matibook
Korean edition is published by arrangement with SHUFUNOTOMO CO., LTD. through BC Agency.

초판 1쇄 발행 2011년 12월 27일
초판 4쇄 발행 2012년 12월 7일

발행처 · 도서출판 마티 | 출판등록 · 2005년 4월 13일 | 등록번호 · 제 2005-22 호
발행인 · 정희경
편집장 · 박정현
편집 · 이창연, 강소연 | 마케팅 · 김영란
디자인 · 이원재
주소 · 서울시 마포구 서교동 481-13 번지 2층 (121-839)
전화 · 02.333.3110 | 팩스 · 02.333.3169 | 이메일 · matibook@naver.com
블로그 · http://blog.naver.com/matibook | 트위터 · http://twitter.com/matibook

값 18,000 원   ISBN 978-89-92053-52-5 (13590)

한국어판 추천사

집이 문화다

1주일간의 도쿄 동네 구경

1998년, 도쿄로 여행을 떠났다. 고작 1주일이었는데, 내 인생에 큰 변화가 생겼다. 『두 남자의 집짓기』도, '땅콩집'을 향한 열망도, 아마 이 여행이 아니었으면 애초에 꿈꾸지 않았을지 모른다. 도쿄의 많은 요소들이 한순간에 나를 매료시켰다. 가장 인상적이었던 점은 도쿄 시내 한복판에서 정말 많은, 다양한 단독주택을 만났다는 것이다. 도시가 발전하면 아파트로 주거방식이 바뀔 수밖에 없다는 고정관념을 갖고 있던 터라, 게다가 유럽의 고도시도 아니고 전후 거의 재건된 도시 도쿄였기에, 작지만 하나하나 공들여 지은 단독주택들을 보는 순간 새롭고 놀랍고 부러웠다. '도시의 발전과 단독주택이 이렇게 공존할 수 있구나!' 이 경이로움은 이후 나의 건축 공부에 새로운 방향을 모색하도록 도왔다.

단 하루 만에 망설임 없이 여행의 목적을 유명한 건축물이 아닌, 그저 작고 아기자기한 단독주택들, 동네와 골목들 구경으로 바꾸어버렸다. 일본 건축 여행을 소개하는 책자를 버리고 친구와 자전거를 빌려 남은 6일 내내 동네 일주를 했다. 유명한 도심의 건축물들 사이에서는 해결할 수 없었던 의문. "일본은 어떻게 세계적인 건축가들을 한두 명도 아니고 그리 많이 배출할 수 있을까?" 이 의문은 그저 평범한 시민들이 살아가는 작은 단독주택들을 보며 해결됐다.

애초에는 예쁜 단독주택을 보고 싶어 서점으로 가 건축 분야의 책들을 찾았다. 단독주택을 설계하는 건축가들이 많다는 사실도 의외였는데, 그보다 집에 관한 책들이 그리 많은 것에 더 놀랐다. 그런데 막상 찾아간 동네에서, 나는 책이 더 이상 필요없다는 걸 알게 됐다. 책에 소개된 유명한 건축가가 설계한 집보다 그 옆집, 또 그 옆집, 그 뒷집, 그 뒷집에 뒷집…. 동네에 있는 모든 단독주택이 죄다 인상적이었다. 집 모양도 제각기, 외장재나 창도 제각기, 각자 개성적으로 자신의 모양을 뽐내면서도 전체적으로 동네의 모습이 가지런하고 정갈했다. 건축가의 세심함이 묻어나는 집들은 어떤 집이 유난히 비싸거나 싸게 느껴지지도 않았다. 땅은 상상할 수 없을 정도로 작았다. 10평 남짓 되어 보이는 집도 흔했다. '그 작은 땅에 어떻게 이토록 효율적으로 집을 지었을까?' 집집마다 초인종을 누르고 집안에 들어가 보고 싶은 마음이 굴뚝 같았지만 일본어도 못하는 주제라 방도가 없었다.

작지만 사이좋게, 고소하게 '땅콩집'

짧지만 긴 여행에서 돌아온 후 10년이 넘도록 그때 받은 인상이 지워지지 않는다. 안타깝게도 그 후로 우리나라의 주거 문화는 점점 더 가파르게 아파트 중심으로 흘러갔고 이제는 아예 서울에서는 살기 좋은 단독주택 마을을 찾아보기조차 어렵게 되어 단독주택은 어느덧 '전원주택'으로 통칭되기 시작했다. 오죽하면 『두 남자의 집짓기』를 출간할 때 '도시형 단독주택'이란 신조어를 표지에 써넣었을까. 전원주택이 주택의 유일한 방식이 되면서 집들은 점점 커져갔고, 토지공사에서 분양하는 단독주택 필지 자체가 크기 때문에 작은 땅을 분양받기조차 어려운 상황이 되었다. 기본적인 조건이 이러니, 이제는 작은 집을 지으면 어딘가 집답지 못한 집, 초라한 집으로 느껴진다.

『두 남자의 집짓기』를 출간하고 '땅콩집'에 엄청난 관심이 쏟아졌다. 지난 20, 30년간 아파트 중심으로 흘러와 건축문화가 존재할 수 없는 상황이기에 독자들에게 더 새로웠는가 보다. 대형 건설사 위주의 공급 방식 속에서 일반 서민들은 '건축'이란 단어 자체를 느끼지 못하고 산다. 아파트 만 채는 한 명의 건축가가 설계할 수 있다. 그러나 단독주택 만 채를 지으려면 최소한 천 명의 건축가가 필요하다. 공사 현장에 고용도 수백 배 늘어난다.

주거방식에 관한 고민은 내 삶을 되돌아보는 일에서 출발한다. 딱히 아파트가 나은가, 단독주택이 나은가의 문제가 아니다. 나는 어떻게 살고 있나? 어디를 향해 가는 걸까? 나와 내 가족은 지금 행복한가? 소소한 일상에서 단단하고 진지한 질문들을 떠올려보자. 그러면 세간에 화제가 된 '땅콩집'에 대한 호기심도 쉽게 정리가 될 것이다. '땅콩집'이란 원래 '작고 단단한 집'이란 뜻으로 만들었다. 그런데 형편상 친구와 함께 지은 집에 산다는 내용을 책에 담으니 '듀플렉스 하우스'가 '땅콩집'이 되어버렸다. 둘이 집을 짓든 셋이 집을 짓든 크기와 화려함에 주눅 들지 않고, 꿈과 행복을 찾아 '작지만 단단한 행복을 찾아가는 집'이 바로 '땅콩집'이다. 땅콩은 작고, 오밀조밀 서로 사이좋게 붙어 있고, 그리고 무엇보다 엄청 고소하다. 작은 집에 가족과 이웃과 서로 즐겁게 고소한 향내 풍기며 살고 싶어 '땅콩집'이라고 이름을 붙인 것이다.

일본의 수많은 땅콩집 이야기들

단독주택에 관한 문화적, 기술적 수준이 무척 높은 일본은 그만큼 관련 서적들도 많다. 설계뿐만 아니라 시공법부터 법규까지 일반인을 위한 교양서가 어렵고 딱딱한 건축 분야를 쉽게 안내해 준다. 그 가운데 추천하는 이 책은 내가 그간 집짓기 상담을 하면서 가장 많이 받던 질문들에 관해 어느 정도의 답을 던져준다. 작은 집을 위한 효과적인 설계, 공간을 나누고 배치하는 조닝에 관한 문제, 집의 방향과 층고와 창에 관한 궁금증, 지하실과 다락방의 단점을 극복할 수 있는 방법, 나무의 장점과 유의점, 주요 시공법, 땅 매매시 먼저 살펴야 하는 점들과 대출에 관한 질문까지…. 이 작은 한 권의 책에 이 모든 정보가 담겨 있다. 어떤 독자는 '이걸 꼭 알아야 하나' 싶을 수도 있다. 하지만 부동산중개소와 시공자의 말만 듣고 갈등을 느낄 때 책의 정보에 의지할 수 있다면 훨씬 더 빠르고 마음 편하게 집짓기 준비를 할 수 있을 것이다. 나조차도 이 책이 좀더 일찍 번역됐더라면, 하는 안타까운 마음이다.

집짓기는 건축주, 건축가, 시공자가 이루는 '하모니'이다. 이 트라이앵글이 더 좋은 창조를 향해 균형을 이뤄 의견을 나눈다. 그리고 대부분의 집짓기는 일가의 전 재산이 움직이는 일이다. 하나의 정보가 차곡차곡 쌓여 더 행복하고 즐거운 과정을 만든다. 달달 외워야 하는 억지 공부는 아니지만, 다양한 사례와 이야기들에 귀기울이면 지금 집을 짓지 않더라도 반드시 큰 도움을 받을 것이다.

책의 내용 가운데 토지이용과 법규 제한 등 건축법에 관한 부분들, 설계와 자재에 관한 보충 설명들은 가능한 한 꼼꼼히 감수해 국내 사정에 맞도록 수정했다. 또한 3부에 해당하는 부동산법에 관한 내용은 일본과 많이 달라 광장 건축사무소에서 일하는 박찬익 이사가 하나하나 검증하고 한국의 상황에 맞게 새로운 내용으로 고쳐 실었다. 고마움을 전한다.

『두 남자의 집 짓기』 저자, 땅콩집 1호 주인

이현욱

한국어판 추천사 – 집이 문화다
시작하며 – 땅콩집 짓기의 다섯 가지 원칙
준비에서 완성까지

| Part 1 | 어떤 땅에 어떤 집을 지을까? 15

    6.35평 한 층에 한 개의 방으로 알뜰하게 | **10.12평** 2층과 3층을 개방한 입체적인 원룸 | **13.55평** 용적률에 포함되지 않는 지하층 완화 규정과 스킵플로어 활용 | **15.53평** 두 개의 목재 데크로 확 트인 평면 | **16.50평** 남쪽을 향한 큰 문과 2층 중앙의 보이드

  일본의 땅콩집 베스트 사례 58

    8.86평 LDK를 3층으로 올리고 최소한의 벽으로 공간을 더 넓게 | **9.61평** 데크와 거실, 식당을 연결하다 | **11.10평** 스킵플로어, 기울어진 땅의 단점을 거꾸로 장점으로 살려내다 | **14.03평** 원룸스타일의 장점을 살린 최소한의 동선 | **15.03평** 거실과 식당을 방처럼 사용하다 | **16.53평** 중정으로 이어지는 넉넉한 실내 새하얀 인테리어로 넓게 연출

  토지와 건물의 법규 제한 체크리스트   80
  건축가에게 듣는 작은 집 이야기   90

| Part 2 | 작은 집에 효과적인 방배치에서 수납까지 |

  방배치의 기본과 동선 계획　　　　　　　　　　　　　　　98
  좁게 느껴지지 않는 디자인 아이디어　　　　　　　　　　110
  넓어 보이는 테크닉 – 인테리어 아이디　　　　　　　　　166
  산뜻한 삶에 한걸음 다가가는 수납의 기초　　　　　　　184
  정리가 잘된 집은 이것이 다르다　　　　　　　　　　　　192
  작은 집에 어울리는 수납, 정리의 기술　　　　　　　　　234

| Part 3 | 집짓기에 필요한 세금은 얼마나 될까?　　　　　　　　243

옮긴이의 말

시작하며

땅콩집 짓기의 다섯 가지 원칙

잘 지은 작은 집은 결코 초라하거나 답답하지 않다. 편안하면서도 낭비가 없도록 설계한 공간은 넓은 공간보다 상대적으로 더 만족도가 높다. 아래의 내용은 집짓기를 꿈꾸는 단계에서 반드시 고려해야 할 문제다.

001_ 장점을 극대화하기

작은 집은 당연히 바닥 면적이 좁고, 땅에 따라 채광이나 통풍이 어렵거나 사생활이 쉽게 노출된다는 단점이 있다. 그럼에도 불구하고 작은 집만이 가진 매력은 상상 이상으로 많다.

가장 먼저, 움직임을 최소화시켜 동선을 최적화하기 쉽다. 동선을 효율적으로 짜면 상투적인 방 배치에서 벗어날 수 있고, 가사에 관련된 모든 시간을 단축시킬 수 있다. 또 중정이나 내부 테라스 등에 커다란 창을 낼 경우, 프라이버시를 지키면서도 가족 간에 친밀함을 높이는 공간을 연출할 수 있다. 공간이 작으니 고심을 거듭해 '우선순위'를 가려내야 하니 자연스럽게 집의 전체적인 분위기도 통일할 수 있다. 우리집만의 개성을 실현할 수 있다는 것이 작은 집이 가진 가장 큰 매력이다.

002_ 넓이가 아니라 부피를 고려하라

방을 배치할 때, '거실은 몇 평으로 방은 몇 평으로' 하는 식으로 덧셈을 하다보면 땅이 좁은 경우에는 어떻게 계획해도 비좁게 느껴진다. 하지만 공간감은 바닥 면적뿐 아니라 부피감에 따라서도 달라진다. 예를 들어, 가족이 함께 오랜 시간을 보내는 거실의 천장을 방보다 좀 높이면 탁 트인 느낌을 주는 공간을 확보할 수 있다. 방의 면적을 조금씩 줄이더라도 거실에 보이드를 마련한 평면이 많은 것은 이 때문이다. 더불어 수평, 수직 공간의 크기를 동시에 느낄 수 있는 설계도 가능하다.

003_ 넓게 느껴지는 공간 배치 노하우

넓게 느껴지는 디자인들은 대체로 착시 현상을 잘 활용한 경우가 많은데, 착시를 살리느냐 그렇지 않느냐에 따라 공간이 주는 느낌이 달라진다. 예를 들어, 벽의 색이나 소재를 바꾸지 않고 동일한 느낌으로 연결해 주면 실제보다 훨씬 넓어 보인다. 벽이나 마루는 가능한 같은 색, 같은 재료를 사용하고 가급적이면 문턱이나 창틀도 사용하지 않는 편이 좋다. 또 시선이 가는 곳이 멀면 멀수록 넓게 느껴지기 때문에 대각선을 고려해 벽의 중앙이 아니라 구석 쪽으로 창문을 내거나 천정 부근에 높은 창을 마련하면 바닥면적 이상으로 널찍한 공간을 연출할 수 있다.

004_ 열린 공간을 다양한 용도로 쓰기

작은 면적을 효율적으로 사용하기 위해서는 칸막이벽을 적게 하고 가능하면 공간을 열어 두는 편이 좋다. 예를 들어, 거실과 식당, 조리대가 있는 부엌을 독립시키면 각각 최소한의 면적밖에 쓸 수 없지만 거실, 식당, 부엌을 하나의 공간으로 연결하면 시야가 트이고 활용도도 높아진다. 서재와 아이들의 공부방, 거실과 컴퓨터를 놓는 장소, 세면대와 화장실 등 '칸막이가 없어도 살 수 있다'는 확신을 갖고 가능한 공간은 모두 열어 두자.

005_ 살림살이 '잘' 줄이기

집짓기를 꿈꾸는 이유 가운데는 식구가 늘고 살림살이가 많아져 살고 있던 집이 비좁고 답답해졌다는 사연이 한몫을 차지한다. 하지만 땅을 구입하고 집을 짓는 데에는 생각보다 훨씬 많은 예산이 들기에 애석하게도 머릿속으로 꿈꿀 때에 비해 집짓기가 현실이 되는 과정에서 조금씩 집의 규모가 줄어들게 마련이다. 그러니 새집으로 이사한다 해도, 갖고 있던 물건들을 알차게 정리해야 하는 상황에 맞닥뜨린다. 늘 사용하는 물건인지, 새집에서도 사용할 만한지 냉정하게 판단해야 한다. 살림살이는 언제나 필연적으로 늘 수밖에 없고 그와 함께 당연히 사용하지 않는 물건들도 쌓이게 된다. 하나하나 살펴보면 의외로 많은 물건들이 오랫동안 방치되어 있었다는 걸 깨달을 수 있다. 사용하지 않는 물건은 과감히 버리는 것이 최선의 정리이다.

준비에서 완성까지 흐름이 한눈에 보인다

땅을 찾아 계약하고 집을 완공하기까지, 집짓기는 최소한 1년 가까이 걸린다. 게다가 익숙하지 않은 용어들이 난무하는 계약서와 설계도, 큰 금액의 거래 등 평생 처음 경험하는 일들이 많다. 지불시기를 맞출 수 있도록 자금 운용을 포함해 전체적인 과정을 미리 파악해 두자.

체크포인트

- 지반의 상태나 주변 환경을 확인. 건축가를 정했다면 함께 땅을 보는 것이 좋다. 평일과 휴일, 낮과 밤 등 조건을 바꿔서 보면 볼수록 좋은 땅을 찾을 수 있다. 가능하다면 구입하기 전에 지반조사를 할 것을 추천한다.

- 건축가에게 설계를 의뢰하자. 집을 짓는 과정에서 건축주와 건축가의 관계가 매우 중요하므로, 자신에게 맞는 건축가를 만나는 것이 중요하다.

- 계약서와 견적서는 어렵더라도 차분히 시간을 들여 확인하자. 모르는 것이 있다면 반드시 건축가에게 물어 확인해야 한다. 서류를 꼼꼼히 읽는 것이 집짓기 성공의 비결이다.

- 원하는 사항은 가능한 구체적으로 전하고 납득할 때까지 협의한다. 이 과정에서 예상 공사를 측정해 두면 예산 계획에 유리하다.

- 도면에 그려진 방배치, 수납, 조명이나 문의 위치, 콘센트의 수와 배치 등을 꼼꼼히 확인하고 가능한 한 구체적으로 머릿속에 그려보자.

- 설계비와 건축공사비 지불의 횟수와 시기를 확인한다.

START
- 땅 찾기 · 땅 구입
- 건축가 만나기
- 설계 감리 · 시공사 계약
- 설계 상담
- 평면검토 · 최종확인
- 평면확정
- 건축허가 신청

예산관리

- 토지 매매 계약 때 계약금 지불(계약 후 3개월 이내에 잔금을 지불해야 한다)
- 토지의 소유권 이전등기 비용

- 설계 · 공사관리계약의 인지세
- 설계착수금 (보통 설계비의 10~20%)

- 지반조사비 · 측량비

- 설계비 중 나머지 일부 지급(보통 50%)

- 건축확인신청서 비용

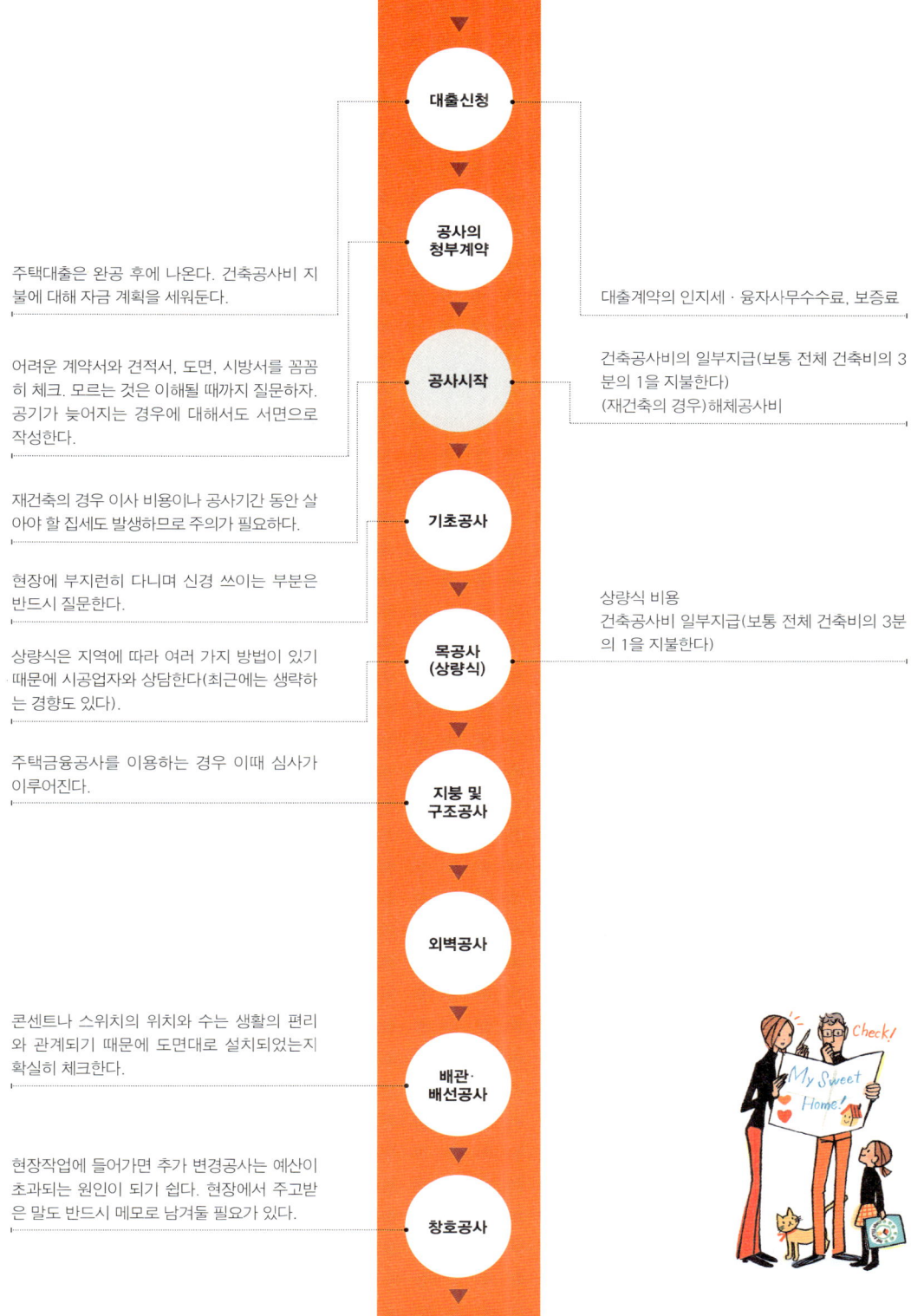

단계	유의사항	비용

가능하면 자주 현장에 나가 실제 사이즈와 마감 상태를 확인한다.

내장·외장공사

도면의 내용과 실제로 설치된 설비기구의 기종과 색이 일치하는지 확인한다.

설비공사

집의 인상을 결정짓는 외부 마감공사. 예산 분배에 실패해 비용이 부족해지는 문제에 주의가 필요하다.

외부마감공사

이사하기 전에 미리 전기, 수도, 가스 등을 신청한다.

공사완료

완공 후 입주에서 생활까지

표시등기

등기관련 비용

최종체크라고 생각하고 마감을 꼼꼼히 확인한다. 추가 공사가 발생하면 누가 비용을 부담할 것인지를 명확히 정하고, 설치된 기재 등도 확인한다. 보증서나 설비의 취급설명서, 건물의 관리설명서, 열쇠 등을 이때 받는다.

준공검사·인도

화재보험료 및 보안 업체 신청

커튼과 블라인드 등을 설치할 때 예산 초과에 주의한다.

가구반입

가구, 비품 구입비

공사 중에 폐를 끼쳤던 이웃에게 사과를 겸해서 이사하면 바로 이웃에게 인사하고, 동사무소에서 전입신고와 각종 우편물 수령 주소를 변경한다.

입주

이사비, 집들이 비용

주택담보대출의 소득공제를 받기 위해서는 건축허가가 필요하다.

새로운 생활시작

건축공사비(3분의 1), 설계비(잔금)의 지불·별도공사비 정산
부동산 취득세, 고정자산세, 도시계획세
(대출 시작할 때)단체신용생명보험료

14

Part 1

어떤 땅에 어떤 집을 지을까?

처음 집을 짓는다면 대지면적을 고려해 지어질 집의 넓이를 상상하기란 여간 어려운 일이 아니다. 건폐율과 용적률만 알아도 건축면적은 어느 정도 예상할 수 있지만, 도로와의 관계와 주차장, 사선제한 등 현장에서의 문제들은 예상 외로 복잡하다. 1부에서는 건축면적을 키워드로 일본의 땅콩집 사례들을 살펴본다. 어떤 땅이 나에게 적합할까? 어떤 집을 지을까? 이미지를 통해 상상해 보자.

건평
6.35
평

약 12평의 땅에 다섯 식구를 위한 집을
한 층에 한 개의 방으로 알뜰하게

대지면적 11.90평
연면적 25.15평

주택가에 신축한 초기북미 스타일의 목조주택. 외벽은 베이지톤 핸디코트 마감. 발코니와 현관 기둥으로 적삼목 사용

도쿄도, 마츠나가·토시 하츠코 씨 | 살고 있던 아파트가 비좁아져 교외에 단독주택 신축을 구상하게 된 마츠나가 씨. "생활 기반을 옮기는 것이 역시 불안했습니다. 먼저 가까이에 혼자 사시는 어머니와 상의했는데 집을 지어 모두 함께 살면 좋겠다는 결론을 내렸어요."

생각지도 않았던 결론이었지만 문제는 12평에 불과한 좁디좁은 땅이었다. 도저히 다섯 명이 살 수는 없을 것 같았다. 가족이 모여 아무리 궁리를 해봐도 해답을 얻지 못하는 상황에서 문득 전문가와 상담을 해보기로 결심한 마츠나가 씨 부부는 이전부터 동경해 왔던 건축사무실을 찾아갔다.

"지하 1층, 지상 3층 건물이라면 충분한 공간이 나오지 않을까요?"

건축가는 희망적인 의견을 제시했고, 여러 차례 상담한 끝에 이 계획으로 집을 짓기로 의견이 모아졌다.

가 족 구 성	부부+아이 2+어머니
대 지 면 적	39.35㎡ (11.90평)
건 축 면 적	20.98㎡ (6.35평)
연 면 적	83.14㎡ (25.15평)
	B1F 20.20㎡ + 1F 20.98㎡ +
	2F 20.98㎡ + 3F 20.98㎡
구 조 / 공 법	지하 철근콘크리트 구조 + 목조 3층

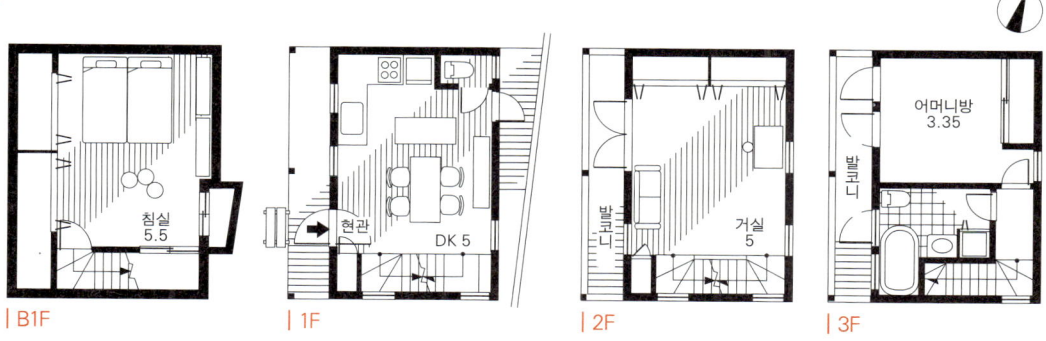

1F | 부엌, 식당은 가족이 모이기 쉬운 1층에 배치한다

1 식당 - 따뜻한 느낌을 더해주는 원목 식탁으로, 의자들은 예전에 살던 집에서부터 10년 이상 사용한 것이다. **2** 이 집의 특징은 현관에 들어서자마자 부엌과 식당이 나온다는 점이다. 1층이 좁기 때문에 벽으로 나누지 않고 중앙의 아일랜드바로 자연스레 공간을 구분했다. 우측 밝은 빛이 들어오는 문으로 뒤 테라스로 나갈 수 있다, 그 옆은 화장실 문이다. 조명은 로맨틱한 샹들리에만을 이용해서 색다른 분위기 연출했다.

1

2

3 싱크대의 상판은 나무로 만들어 따뜻한 느낌을 강조했다. 오븐과 가스렌지 일체형을 설치하고, 목재 오르내리창으로 북미스타일의 느낌을 그대로 살렸다. **4** 지하 침실 - 드럼 연습실도 겸하기 때문에 특히 방음에 신경을 썼다. 왼쪽 벽 전체에는 옷장을 짜넣어 부족한 수납공간을 해결했다.

LDK: Living, Dining, Kitchen의 약자로 거실, 주방, 부엌을 구분없이 통합한 공간을 말한다. 일본에서 주로 쓰는 설계용어이지만, 이 책에서는 편리함을 위해 사용한다.

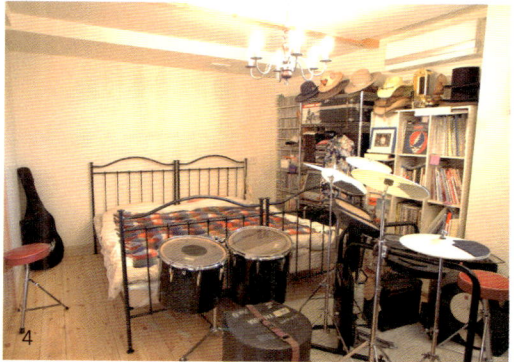

2F | 거실에 아이와 주부의 공간을 더하다

1 바깥으로 발코니를 설치했다. 때때로 테이블과 의자를 내어 티타임을 즐기는 공간으로 활용한다. 1층 현관 앞 데크와 마찬가지로 적삼목 마루와 핸디코트를 사용했다. 2 저녁식사 후 가족이 모이는 거실. 정면의 프랑스식 창(일본은 보통 미닫이인데 유럽식이 여닫이이기 때문에 이렇게 부른다)으로 발코니에 나갈 수 있다. 벽면수납은 두 아이들을 위한 공부 공간이기도 하다. 3 벽면 수납 – 문을 열면 책상과 책장이 짜여져 있다. 쓸 때는 열고 평소에는 닫아두어서 좀 어지럽혀 있어도 오케이. 4 코너 수납 – 밤에는 거실이 아이들의 침실이 되기 때문에 침구는 계단 구석에 수납공간을 만들어 보관한다. 헛간 문을 연상시키는 조금은 러프한 디자인. 5 주부 공간 – 거실 한 켠에 만든 아내를 위한 공간이다. 인터넷이나 독서를 즐기는 곳.

3 4 5

"총 4개 층에 이르는 집에서 생활을 어떻게 구분해야 할지 평면을 계획할 때 무척 오랫동안 고민했어요. 결과적으로, 출입이 잦고 가족이 가장 오래 사용하는 LDK를 1층과 2층에 배치하고, 침실을 지하로 화장실을 3층으로 배치하는 전혀 일반적이지 않은 레이아웃이 되었어요."

아이 방과 일하는 방을 독립적으로 확보할 여유가 없어 거실 한쪽 구석을 이용하게 되었지만 건축주는 만족스럽다고 했다. "오히려 잘된 것 같아요. 가족이 함께하는 시간이 늘어났습니다."

각층에는 칸막이벽을 모두 없앴고 한 층에 방을 하나씩 배치해 답답하게 느껴지지 않는다. 평면을 계획하면서 동시에 설비기구나 가구, 어떤 인테리어 소품을 선택할지를 결정했다. 실내 건축에 관심이 많아 유럽과 미국의 인테리어 책을 애독해 왔던 부부였기에 인테리어에 관해서는 전적으로 건축주의 취향을 반영했다.

"머릿속에 그렸던 집은 초기 북미스타일이었어요. 남편은 자신의 생각을 스케치하고, 저는 도쿄 디즈니랜드의 웨스턴 랜드에 몇 번이고 찾아가서 세부를 촬영해 시공팀에 이미지를 전달했지요. 또 미국 회사들의 카탈로그를 구해 인터넷으로 주문하는 나날이 몇 개월 이어졌습니다. 공사 와중에 시공해 주시는 분과 의견이 맞지 않아 네 시간 동안이나 현장에 서서 논쟁한 적도 있었어요. 생각해보면 그땐 무척 힘들었지만 지금은 즐거운 추억이 되었습니다. 여행 갔다가 돌아올 때면 마음이 안정돼요. 작다고요? 그래도 우리집이 최고에요!"

3F | 좁은 집에 어울리는 칸막이 없는 욕실

1 욕실 – 바닥 마감은 방수 성능이 있는 테라코타풍의 타일. 욕조 옆으로는 발코니로 이어지는 문이 있다. **2** 변기 – 클래식한 디자인. "좁은 곳을 최대한 활용하려니 달리 방도가 없었어요." **3** 세면대 – 도기로 된 다리가 달린 세면대. 세면대의 왼쪽에 세탁기를 두는 공간을 만들어 세탁기를 수납했다.

넓게 보이는 포인트 · 건축가의 팁!

1 계단의 난간은 선 난간으로 – 2층의 거실에서 3층으로 오르는 계단의 난간은 골조로 구성된 선 난간이다. 공간을 가리지 않기 때문에 좀더 넓게 느껴지는 효과가 있다. 살의 두께도 중요하다. **2** 수납공간으로 활용하는 다락 – 연면적에 포함되지 않는 다락은 작은 집에서는 무척 소중한 공간이다. 철지난 생활용품을 보관하는 데 유용하다. 바로 아래층과 열린 채로 연결되어 있기 때문에 통풍이 좋아 냉난방 설비를 따로 갖추지 않아도 된다. **3** 부엌은 열린 수납으로 – 문을 단 찬장은 좁은 공간을 더 답답하게 만들 수 있어 부엌은 열린 수납으로 계획했다. 건축주 부부가 여행지에서 구한 소품이나 친구한테 받은 선물 가운데 포장이 예쁜 것을 골라 인테리어 소품으로 활용했다.

다락을 포함한 5층 구조로 원하는 공간을 확보

건폐율 60%, 용적률 160%의 제1종 중고층전용주거지역이었기 때문에 원하는 면적을 확보하기 위해 지하와 다락을 포함에 5층 구조를 시도. 건물이 높으니 지반의 상태도 확실히 체크해야 했다.

중층전용주거지역은 우리나라의 경우 4층 이하의 주거전용지역으로 주거용도에 층수제한이 있다. 이 지역으로 분류되면 일본과 비슷하게 평균 건폐율 60%, 용적률 200% 정도 되는데, 자세한 규제는 지역에 따라 다르다.

건평
10.12
평

대지면적 17.20평
연면적　31.10평

2층과 3층을 개방한 입체적인 원룸

북동쪽이 도로에 면해 있어 현관을 오른쪽의 좁은 통로 안쪽에 두었다. 갈바륨 동판을 붙인 모던한 외관에 맞추어 차를 은색으로 새로 장만했다.

도쿄도, 나가이 다카노리 · 아키코 씨 | 도로에 면해 있는 북동쪽을 제외하고는 삼면이 이웃집으로 둘러싸인 주택 밀집지에 세운 작은 집. 부모님이 30여 년 전에 구입한 집을 2세대 주택으로 다시 지었다. 처음에 건축가와 상담을 할 때는 17평의 남북으로 좁고 긴 대지에 두 세대가 함께 사는 집을 짓는 게 가능할까 불안하기만 했다고 한다.

설계 의뢰 후 건축가로부터 지하가 딸린 3층집 건축을 제안받았다. 사선인 도로경계선을 살린 참신한 디자인은 건축주의 눈에 단박에 들어왔다. 신선하고 낯선 공간이라고 느껴져 곧바로 공사에 들어갔다.

가 족 구 성	부부 + 아이1 + 어머니
대 지 면 적	56.87㎡ (17.20평)
건 축 면 적	33.46㎡ (10.12평)
연 면 적	102.82㎡ (31.10평)
	B1F 31.39㎡ + 1F 31.39㎡ +
	2F 34.66㎡ + 3F 5.38㎡
구 조 / 공 법	지하 철근콘크리트 구조 + 목조 3층

현관과 옆집 사이에 목재로 담을 세워 옆집과 독립되면서도 친밀한 느낌을 연출했다. 담 중앙에 조명기구를 매립해 분위기를 온화하게 만들고 야간에 편리하게 사용한다.

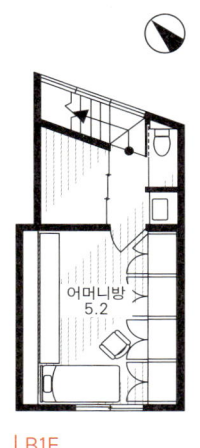
| B1F

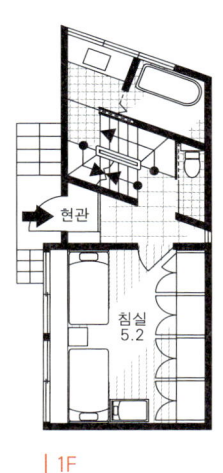
| 1F

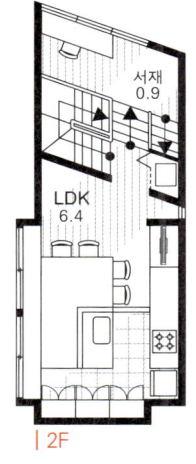
| 2F

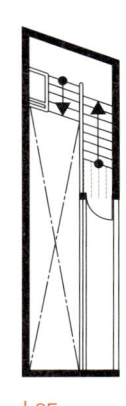
| 3F

3F | 동남쪽 구석으로 들어오는 햇볕이 좋은 발코니

2.5F | 거실의 한 켠에 있으면서도 공간의 독립성을 확보

1 LDK – 한쪽으로만 기울어진 지붕의 형상을 그대로 내부에 살린 LDK. 층고가 높으니 바닥면적이 실제보다 훨씬 넓어 보인다. 높은 창으로 들어오는 빛이 하얀 벽과 천장에 반사되어 낮 동안에는 조명이 따로 필요없다. **2** 2층 거실과 3층 발코니로 올라가는 계단 사이에 서재 공간을 마련했다. **3** 서재 공간 – 책상은 붙박이로 제작. 옆으로 길게 열리는 미서기창은 지하에서 2층까지 같은 디자인이다. **4** 계단 밑에 세탁기 두는 공간이 있어서 세탁 후에는 계단 위 발코니로 올라가 세탁물을 널 수 있도록 동선을 최대한 고려했다. 발코니는 높은 곳에 있어 외부의 시선을 신경 쓰지 않아도 된다.

2F│거실과 부엌에 단차를 이용한 공간 분할

1 부엌에 섰을 때 식당에 앉은 사람과 시선이 맞도록 바닥을 15㎝ 내렸다. 가스레인지 아래 쪽에 식기세척기를 두었고, 환기구 등의 부엌 설비는 모두 빌트인으로 제작했다. **2** 부엌과 일체화된 큰 테이블의 재료는 집성목. 열 명 이상이 앉을 수 있어 손님들이 올 때 편리하다. 벽에 붙이는 의자를 벤치로 제작해 공간을 효율적으로 쓰고 수납공간도 넓어졌다.

B1F | 지반면보다 80㎝ 높혀 창을 설치

1, 2 창 – 두 장의 사진은 같은 창으로 1번은 안에서, 2번은 밖에서 본 모습. 지반면에서 올라간 벽면에 있다. 지하실로 내려가는 계단 주변의 통풍과 채광을 위해 설치했다. **3** 어머니 방 – 당초 부부의 침실로 사용할 계획이었지만 지하가 마음이 편하다는 어머니의 바람을 따랐다. 책상을 겸한 카운터 아래에 충분한 수납공간이 있고, 왼쪽 벽에는 붙박이장을 설치했다.

1F | 천장과 창을 따로 분리하지 않고 이어 층고가 낮은 단점을 극복

1층 현관을 들어서면 반 층 올라가서 욕실 공간, 다시 반 층 올라가서 LDK인 스킵 플로어를 적용한 설계가 이 집의 특징이다. 특히 2층과 3층을 통과하는 다이나믹한 공간인 LDK는 가장 매력적인 볼거리이다. 흰색을 기본 톤으로 정하고 전체적인 디자인도 심플하고 정갈하게 다듬어 공간을 드러냈다. 군더더기가 없고 장식을 최소화한 디자인으로 바닥이 좁다는 생각이 들지 않는다.

좁은 공간을 효과적으로 사용하기 위해 건축가는 수납에 가장 신경을 썼다. "실내에 가능한 한 물건을 내놓지 않으려고 붙박이장을 많이 만들었어요. 실은 계획하기 전에 들은 게 있어서, 집 안에 있는 물건을 조사하는 작업을 했어요. 어디에 어떻게 수납하고 싶은지를 검토하기 위한 작업이었는데 덕분에 확실히 공간이 절약됐어요." 같이 사는 어머니 방은 지하에 계획하고, 채광과 개방감을 위해 고창을 냈다. 고창은 시선을 끊지 않아 공간을 더 넓고 높게 느껴지도록 한다. 서재는 거실 한쪽에 두

어 공동생활 공간을 확실히 확보했다. "친구들이 거실·주방에 보이드로 생긴 넓은 공간과 중앙의 커다란 테이블을 보고 깜짝 놀라요. 재미 있고 기분이 좋아지는 레이아웃이라서 대부분의 친구들이 시간을 잊고 편히 있다가 가지요."

1 현관 – 문을 열면 만나는 모습. 원근법에 따른 착시현상을 이용해 거리감을 주어 좁은 통로를 최대한 넓어 보이게 했다. 오른쪽이 침실, 왼쪽 구석이 화장실이다. **2** 화장실 – 공간이 좁아 미닫이문을 선택하고 복도와 바닥의 단차를 없앴다. 내부를 모두 흰색으로 마무리해 조금이라도 넓어 보이도록 했다. **3** 침실 – 아기침대를 놓기 위해서 두 대의 침대는 세로로 나란히 배치했지만 사용할 때 특별히 불편함은 없다. 높은 위치에 옆으로 긴 창을 내어 공간을 넓어 보이도록 했다.

1.5F | 사선지붕으로 답답하지 않은 욕실

1 사선을 살려 세면대와 탈의실로 만들었다. 카운터는 싱크와 일체형이라 관리가 쉽다. 왼쪽 벽에 타월걸이를 설치해 장식 효과를 주었다. **2** 욕실 - 벽면과 바닥에 하얀 모자이크 타일을 붙여 모던한 느낌을 주었다. 노출형 욕조를 두고 왼쪽 벽 상부에 가로로 긴 창을 배치했다.

넓게 보이는 포인트 · 건축가의 팁!

1 테이블이나 벤치 아랫부분을 수납공간으로 - LDK의 중앙에 둔 큰 테이블 아래에 바퀴달린 수납장이 들어 있다. 세라믹 냄비나 철판, 꽃병 등 부피가 큰 물건들의 수납에 편리하다. 벽 쪽의 벤치 아래도 수납으로 활용했다. **2** 문의 높이를 천장까지 높인다 - 지하의 어머니방 출입문이다. 낮은 천장을 커버하기 위해 문을 천장까지 높였다. 내려오는 벽으로 공간을 막지 않기 때문에 시선이 트여 공간이 넓게 느껴진다. **3** 사선을 넣어 계단이 넓게 느껴진다 - 대지의 형태를 이용한 사선으로 계단의 디자인을 살렸다. 사선이 들어가 거리가 늘어나는 약간의 효과를 일으켜 오르내릴 때 그 넓이를 느낄 수 있다.

17평에 주차공간까지 갖춘 2세대 주택

언뜻 보면 어려운 프로젝트였지만 지하실+지상 3층으로 전체 구조를 4개 층으로 결정, 건축주의 요구를 모두 수용할 수 있었다. 포인트는 대지 북동쪽의 사선을 내부공간으로 살리는 것. 예각과 둔각의 조합에 의해 사선은 길어지고 실제 이상의 넓이를 느낄 수 있다. 계단 주변에는 스킵을 넣어서 길어진 인상을 준다. 또 각 층의 천장 높이는 보통보다 낮지만, LDK는 보이드로 했다. 작은 주택에서도 이처럼 넓은 공간을 한 곳쯤 두어 전체적으로 편안하게 연출하는 것이 가능하다.

건평
13.55
평

용적률에 포함되지 않는
지하층 완화 규정과 스킵플로어 활용

대지면적 24.30평
연면적 　35.24평

집이 동북과 남동의 도
로에 끼어 있는 모퉁이
땅에 서 있다. 코너에
만든 화단의 꽃은 전부
안주인이 심은 것이다.

도쿄도, H씨 | H씨가 집짓기를 계획한 것은 주택을 구입하고 10년 정도 지난 때였다. "30년이 넘어 낡고 어둡고 좁은데다 동선이 불편한 집에 불만이 쌓여 있었어요. 거기다 남편은 책으로 방 하나를 다 쓰는 상태라 어떻게든 하지 않으면 안 되겠더라고요." 최대한 넓은 공간을 확보하는 것이 가장 큰 숙제였다. 밝고 심플한 디자인에 어떻게 수납공간을 최대한 확보할까. 설계를 의뢰 받은 건축가가 먼저 떠올린 것은 지하층을 만들어 전체면적을 넓히는 방법이었다. 또 길모퉁이에 있는 땅이라 대지면적 약 24평 가운데 약 14평의 건축면적으로 활용할 수 있었고, 최대 약 36평의 건물이 가능했다.

가 족 구 성	부부+아이 1명
대 지 면 적	80.33m² (24.30평)
건 축 면 적	44.80m² (13.55평)
연 면 적	116.50m² (35.24평)
	B1F 37.09m² + 1F 40.67m² + 2F 38.74m²
구 조 / 공 법	지하 철근콘크리트 구조 + 목조 2층

지반보다 두 계단 올라간 현관. 산뜻한 디자인의 미닫이식 대문을 특수제작했다. 여닫이문처럼 개폐공간이 필요없기 때문에 현관 주변에 여유가 없는 경우에 추천한다.

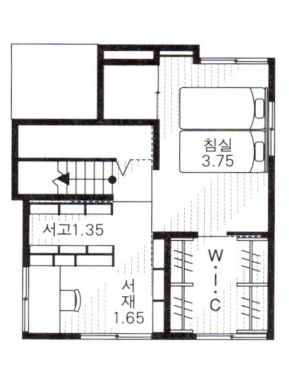

| B1F

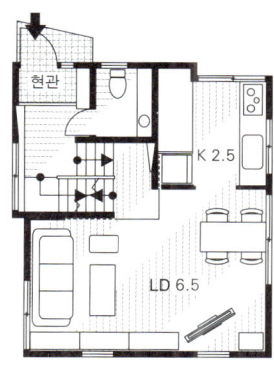

| 1F

| 2F

B1F | 지하로 들어온 고요한 침실과 서재

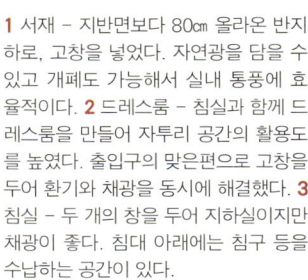

1 서재 – 지반면보다 80㎝ 올라온 반지하로, 고창을 넣었다. 자연광을 담을 수 있고 개폐도 가능해서 실내 통풍에 효율적이다. **2** 드레스룸 – 침실과 함께 드레스룸을 만들어 자투리 공간의 활용도를 높였다. 출입구의 맞은편으로 고창을 두어 환기와 채광을 동시에 해결했다. **3** 침실 – 두 개의 창을 두어 지하실이지만 채광이 좋다. 침대 아래에는 침구 등을 수납하는 공간이 있다.

1F | 창문의 높이나 크기에 과감한 변화를 주다

1 현관 - 보이드를 쓴 여유 있는 홀. 문 위에 채광창을 두어 전체가 밝고 환해져 실제보다 넓게 느껴진다. 오른쪽은 벽면 전체를 활용한 신발장. 턱을 올라오면 바로 화장실이 있다. **2** 화장실 - 1층의 현관 옆에 위치한 화장실로 좁지만 세면대에 위, 아래 수납장까지 갖추었다. 아래 수납문은 여닫이와 미닫이, 두 방식 모두 사용할 수 있는 기능성을 갖추었다. **3** 부엌 - 흰색 위주로 단순한 디자인. 조리대 옆에 냉장고를, 반대편에 열기구와 개수대를 배치해 동선을 일직선으로 단순화시켜 몸의 방향만 바꾸어 모든 부엌일을 처리할 수 있도록 했다. 조리대 밑 서랍장은 촘촘하게 나누어 작고 복잡한 조리도구들을 분류해 수납할 수 있게끔 했고, 개수대 아래쪽 수납장은 넓고 깊게 만들어 냄비류, 후라이팬 등 큰 물건들을 수납할 수 있도록 했다.

보이드(void): 현관, 홀, 계단 등 동선이 집중하는 공간에 개방감을 주기 위해 만드는 상부, 또는 하부로 한 개층 이상을 비운 공간을 말한다.
W.I.C(walk-in-closet): 사람이 직접 출입하여 물품을 꺼내거나 보관할 수 있는 수납실. 주로 의류의 수납을 위한 방을 말한다.

1.5F | 문과 벽의 역할을 동시에, 미닫이문을 거실과 주방에 사용

1 텔레비전 수납장 – 텔레비전 놓는 곳은 식당에 있을 때도, 소파에 앉았을 때도 볼 수 있도록 각도를 조절할 수 있다. **2** 약 8.5평의 거실겸 식당. 식물을 좋아해서 늘 집안에 화초를 가꾼다고 한다. 코너에 커다란 창을 내 시선을 외부로 향하게 하여 넓어 보이는 시각적 효과를 노렸다.

3, 4 미닫이 문을 설치해 거실과 계단실을 구분했다. 코너에서 좌우로 나누어 벽면에 매입하는 방식이다. 평소에는 열어두고 냉난방시에만 닫으면 에너지 절약에도 효과적이다. **5** 부엌 – 도로에 면한 부분에 테이블을 두었지만 1.5층에 있기 때문에 행인들은 내부를 볼 수 없다.

심플하고 밝은 집을 원하는 건축주의 요구를 받아들여 건축가가 제안한 디자인은 일부에 스킵플로어를 이용한 공간의 강약이 있는 설계였다. 가족들이 가장 많은 시간을 보내는 LDK 공간을 현관에서 반 층 올라간 위치에 배치했기 때문에 도로에 면해 있어도 외부의 시선을 신경쓰지 않고 채광도 충분히 얻을 수 있어 건축주는 굉장히 만족했다.

"1층이라고도 2층이라고도 할 수 없는 높이가 좋아요. 시선과 소리를 차단해 주지만 그렇다고 완전히 밀폐된 느낌도 아니에요. 외부의 기척은 충분히 느껴집니다."

거기에, 계단실과 거실·주방을 가르는 중간 문을 생각한 것도 포인트이다. 이 문은 냉난방 효과를 고려해 설계했지만 레일도 바닥 경계선도 없는 달아매는 방식이라 공간의 연속성도 높일 수 있다. 필요없을 때에는 개방해 둘 수 있다는 것도 미닫이의 최대의 장점으로, 브엌에 앉았을 때 시선이 대각선으로 향해 공간이 넓게 느껴진다. 이런 방식을 지하의 서재와 침실을 구분하는 데도 적용하면 좁은 공간을 효과적으로 활용할 수 있다.

2F | 물을 사용하는 곳을 모아 배관설비 절약

1 다다미방 – 손님이 찾아올 때나 낮잠, 세탁물의 정리 등에 편리한 다다미방. 모던한 건물에 맞추어 다다미 반 장을 격자무늬로 깔았다. 옆에 아이 방을 배치했다. **2** 욕실 – 2층 이상의 위치에 욕실을 배치할 때는 방수에 특히 주의해야 하는데 이 경우 시스템 욕실이 경제적이고 안심할 수 있다. **3** 세면 · 세탁실 – 탈의실도 겸해서 비교적 여유 있게 만들었다. 여기에도 통풍과 채광을 위한 작은 창을 냈다.

넓게 보이는 포인트 · 건축가의 팁!

1, 2 방은 개구부가 넓은 미닫이문으로 - 침실과 서재, 두 방 모두 벽을 미닫이문으로 대신했다. 닫으면 완전히 독립된 방이 되고, 열어두면 개방된 공간이 된다. 이 미닫이문은 레일이 필요없는 매다는 방식으로 천장까지 연결한 것이 포인트이다. 바닥에 레일이 없고 천장이 높게 보여 두 방의 연속성이 높아져 좁은 공간을 넓어 보이게 한다. **3** 열린 구조의 계단 - 지하에서 2층까지의 계단은 수직판을 없앴다. 계단 한단 한단 사이로 반대편이 보여서 공간이 넓어보이는 효과를 줄 뿐 아니라 빛과 바람도 잘 통한다.

땅이 좁을 때는 지하층을 활용할 수 있는 설계를 고려해야 한다.

부부는 잡지 등을 통해 반년 이상 방 배치를 고민해 건축가와 만났을 때는 원하는 방의 수와 수납공간에 대해 확실한 의견을 갖고 있었다. 부지가 24평이었기 때문에 대지를 아낌없이 사용하는 것을 우선시하고 지하 1층, 지상 2층 건물을 제안했다. 지하실이라 해도 지반보다 조금 올라간 반지하(지하실의 천장이 지반보다 위가 된다)이다. 완전한 지하에서는 통풍과 배수를 위해 별도의 설비가 필요하지만 반지하는 창을 낼 수 있어 비용을 크게 들이지 않고 지하층을 사용할 수 있다.

건평
15.53
평

대지면적 42.51평
연면적　27.55평

두 개의 목재 데크로 확 트인 평면

도쿄 교외에 대규모로 개발된 주택단지. 도로와의 고저차가 1미터이기 때문에 접근 계단을 만들어 현관 앞은 필로티로 띄웠다. 현관 필로티 옆으로 매단 목재 부분은 2층의 욕실과 데크이다.

도쿄도, 사카모토 다이히코 · 아이 씨 | 30대 젊은 부부가 결혼 직후 집짓기를 결심했다.

도심이 아닌 교외라면 가능할지 모른다는 기대를 안고, 30~40평대의 땅을 찾기 시작했지만 예산에 맞고 마음에 드는 땅을 고르는 데만 1년 이상이 걸렸다. 땅을 찾는 동시에 인터넷을 통해 궁합이 맞을 만한 건축가를 찾기 시작했다. 그러다 작은 집 설계를 즐기는 건축가 나카무라 타카요시를 알게 되어 땅을 찾기 전에 건축가에게 연락부터 했다. "획일적인 배치는 피하고 싶었어요. 집에 돌아가는 길이 두근두근 하는 그런 삶을 살고 싶었지요."

가족구성	부부
대지면적	140.53㎡ (42.51평)
건축면적	51.34㎡ (15.53평)
연면적	91.08㎡ (27.55평)
	1F 44.71㎡ + 2F 46.37㎡
구조/공법	목조 2층

2층 필로티로 차양을 겸한 현관 - 비오는 날에도 젖지 않고 출입할 수 있다. 바닥은 얼룩 있는 몰탈의 흙손마감으로 타일처럼 줄눈이 있다. 타일로 마감하는 것보다 공사비가 저렴하고 미끄럽지도 않아 좋다.

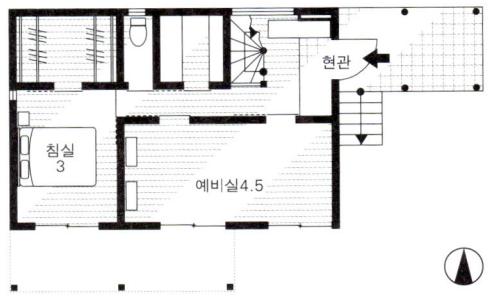

| 1F

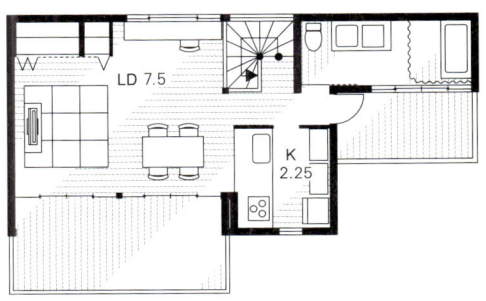

| 2F

1F | 단정한 짜임새가 느껴지는 공간

'실내 전체에 빛이 도는 밝은 집'이 계획 초기부터 건축주가 원하는 콘셉트였다.

"땅을 정할 때 가장 중시했던 점이 거의 종일 빛이 잘 들어오는가 하는 부분이었어요. 땅을 고를 때 휴일을 이용해 아침부터 저녁 늦게까지 빈 땅에 서서 빛이 어떻게 들어오는지, 주변의 상황은 어떤지 며칠에 걸쳐 체크했답니다."

이런 노력을 거쳐 손에 넣은 땅은 약 43평. 건폐율 50%의 지역이어서 건축면적은 21평을 넘을 수 없었지만, 어차피 예산이 적었기 때문에 형편에 맞춰 작은 집을 짓기로 했다. 결과적으로, 전체 2개 층에 각각 데크를 두어 개방감을 극대화하고 나면 어디를 통해서든 빛이 잘 들어 실제 면적보다 넓어 보이는 집을 짓게 되었다.

1 계단 - 상하층을 잇는 나선형 목재 계단. 공간을 절약하면서 수직판도 없기 때문에 빛이 들어오고 좁게 느껴지지 않는다. 오르내릴 때 원목에 닿는 느낌이 좋다. **2 침실** - 서쪽은 옆집에 접해 있지만 옹벽이 있어서 사생활이 노출되지 않는다. 드레스룸도 옆에 배치해 수납가구를 따로 둘 필요가 없다. 슬릿한 창은 침실의 프라이버시를 지키면서 채광과 통풍을 도와준다. **3 아이방** - 아직 자녀가 없지만 미래를 위해 준비했다. 넓이는 4.5평으로 중앙에서 2개실로 나눌 수 있도록 했다. 천장은 비용 절감과 개방감을 동시에 고려해 일부 노출로 하였다. 목구조에서 얻을 수 있는 장점이기도 하다. **4 부엌** - 부엌은 목수가 직접 제작하여 싱크대의 폭을 90㎝로 넓혔다. "이렇게 넓으면 조리 중에도 재료나 도구를 늘어놓을 수 있어서 쓰기 편해요." **5 화장실** - 설계 단계에서부터 벽면의 일부에 색을 넣고 싶다는 건축주의 요구대로 화장실 한 면을 밝은 노란색으로 선택했다. 손님들이 놀라면서도 멋지다고 칭찬했다고.

2F | 색다른 재미, 다다미 코너와 자투리 면적을 살린 작업공간

2층 서쪽의 절반에 거실·식당을 함께 두고, 동북쪽 모퉁이 햇빛이 좋은 자리에 욕실을 배치했다. 거실·식당이 남쪽에 배치한 4.5평 크기의 데크에 면해 있어 데크의 폭만큼 전면유리창을 설치했다. 높은 천장과 어울리고 전체 면적에 비해 넓은 데크로부터 햇빛이 풍부하게 들어와 여유롭고 따뜻한 공간 연출이 가능해졌다.

같은 층에 만든 욕실과 세탁실은 2.5평 정도지만 2평 남짓한 데크를 연결하여 개방감이 한층 커졌다. "처음에 집 전체에서 가장 좋은 곳에 욕실이 있는 이 계획을 보고 '어 뭐지?' 하고 의아하게 생각했는데 실제로 살아보니 상상 이상으로 쾌적해요."

1 거실 – 남쪽 창을 두고 지붕의 경사를 살려 넓어 보인다. 닫힌 다다미방은 결국 거의 사용하지 않게 되니까 다다미 코너를 만들어 공간을 자연스럽게 구분해 주었다. **2** 식당 – 조리대를 사이에 두고 부엌과 식당이 마주한 배치. 적당한 거리로 배선이나 정리가 편할 것 같다. 진하고 어두운 톤의 식탁으로 시각적인 안정감을 높였다. **3** 작업 공간 – 거실의 한쪽 구석에 만든 책상은 45㎝의 폭으로 공간을 최대한 절약하기 위한 스타일. 책상이 좁으니 스탠드를 따로 쓰기 불편해 등을 벽에 붙였다.

1

2

3

2F | 욕실과 세탁실, 화장실을 한 곳에

1 세탁실 - 상판은 모자이크 타일 사용. 공간을 적게 쓰고 산뜻한 욕실 공간으로 쓰고 싶어 드럼세탁기를 빌트인으로 처리했다. **2** 벽면과 천장은 내수합판을 바탕으로 넣고 페인트로 마감했다. 바닥재와 욕조를 둘러싼 목재는 물에 강한 나무 마감을 사용하여 건조가 빠르고 내구성이 좋다. **3** 욕실 - 데크에 면한 욕실은 휴일 낮이면 빛을 쬐면서 목욕할 수 있어 기분 좋다. 데크는 높이 2m 이상의 펜스로 둘러싸여 있어 주위의 시선을 걱정하지 않아도 된다.

넓게 보이는 포인트 · 건축가의 팁!

1 데크와 실내의 바닥 높이를 같게 – 거실의 남쪽은 넓은 데크. 바닥높이를 맞춰 안팎이 연결되어 보여 넓이를 강조할 수 있다. 날씨가 좋은 날은 창을 열고 바비큐를 즐기기에 좋다. **2** 공간을 절약할 수 있는 나선형계단 – 직선계단보다 장소를 적게 쓰기 때문에 작은 집에 자주 적용한다. **3** 각 방의 문은 천장까지 미닫이문 – 1층의 방은 전부 미닫이문을 적용했다. 사용하지 않을 때 개방해 두면 공간이 넓어진다. 또 높이를 천장까지 한 것도 넓게 보이는 테크닉이다.

햇빛이 좋은 2층에 LDK와 물 쓰는 곳을 배치

당초 마당이 딸린 거실을 요구했기 때문에 1층에 LDK를 배치하는 방향으로 검토했지만, 보이드를 만들지 않는 한 만족스런 햇빛을 얻을 수 없어서 설계를 완전히 바꿨다. 관건은 건축주의 예산에 맞추는 것. 생각을 바꾸어 2층에 LDK를 배치하고, 마당 대신에 넓은 데크를 두는 계획으로 제안했다. 처음에 건축주는 주방과 거실이 2층에 있다는 것에 강한 의문을 가졌지만 건축가가 장점을 설명해 설득에 성공했다. 또 이 집의 햇빛이 가장 좋은 곳에 욕실과 세탁실을 배치하여 2평 크기의 데크를 연결한 점에 정말 만족스러워 했다. 세탁기 두는 곳과 말리는 곳을 가깝게 하고 싶다는 안주인의 요구도 충족됐다고 생각한다.

건평
16.50
평

대지면적 35.68평
연면적 35.07평

남쪽을 향한 큰 문과
2층 중앙의 보이드

땅 그대로를 노출한 주차장은 후에 잔디를 심을 예정이다. 현관 앞에 주차된 차는 60년대 디자인을 좋아하는 건축주의 특별한 취향을 보여준다.

사이타마현, 요시다 타카히코・마유미 씨 | 땅을 찾고 설계사무소를 선택하는 데 꼬박 2년이나 걸린 요시다 씨. 설계와 시공을 동시에 할 수 있는 회사라는 이야기를 듣고 선택하게 되었다고 한다.

건축가를 찾는 데 2년이나 걸렸다는 사실은 그만큼 섬세한 부분까지 신경을 썼다는 뜻이다. 기능을 최적화하는 디자인으로 LDK 이외에 3개의 방과 옥상까지 원하는 건축주의 요구는 다양하고도 까다로웠다. 건축가는 예산 범위 내에서 건축면적 16.5평에 건축주의 모든 요구사항을 해결해 주어 작지만 완벽한 집이 탄생했다.

현관문 양쪽에 빛을 들이기 위한 고정창을 냈다. 문 안쪽의 우편수취부는 손재주가 좋은 건축주가 직접 만들었다.

가족구성	부부 + 아이 2명
대지면적	117.95m² (35.68평)
건축면적	54.65m² (16.50평)
연면적	115.92m² (35.07평)
	1F 49.68m² + 2F 49.68m²
	+ 다락 16.56m²
구조 / 공법	목조 2층

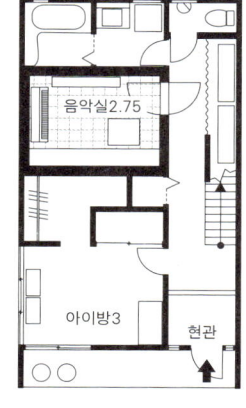

| 1F

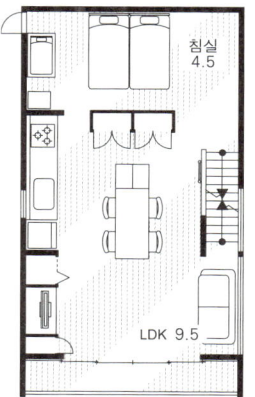

| 2F

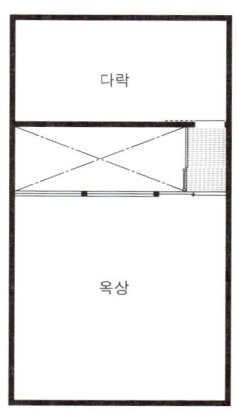

| LF (Loft Floor, 다락층)

1 옥상 – LDK의 위에 건축주의 바람대로 옥상을 실현했다. 여름마다 마을에서 열리는 불꽃놀이 축제를 이 마당에서 즐길수 있다. 긴 창으로 들어오는 빛이 아래층까지 이어진다. **2** 보이드 – 철제 사다리를 올라가면 오른쪽이 옥상, 왼쪽이 다락이다. LDK에 기분 좋은 개방감을 가져다준다.

1F | 난간 없는 계단과 그 아래의 수납공간

1 복도 - 현관을 들어선 정면. 왼쪽에는 아이방, 음악실, 세탁실이 차례로 있다. 계단의 복도 쪽 난간을 두지 않아 복도가 비교적 좁게 느껴지지 않는다.
2 음악실 - 동료와 록밴드를 결성할 정도로 음악을 좋아하는 건축주는 방음까지 한 3평 공간의 음악실을 얻었다. 수납장, 흡음벽, 도장은 건축주가 직접 완성했다. **3** 화장실 - 언뜻 보면 특별한 것 없는 화장실이지만 숨은 기능이 있다. 왼쪽 가장자리에 유리로 된 슬릿이 있어 작은 틈을 통해 깊이감을 느낄 수 있다. 물론 빛도 새어나와 사용 중이라는 표시를 해주는 역할도 한다.

2F | 오픈 스타일의 거실·식당·주방

도로 쪽의 3분의 1은 주차공간으로 쓰고 남는 땅에 설계를 진행했다. 요철 없는 심플한 박스 형태의 건물로, 1층에 아이방과 음악실, 욕실·세탁실 등 닫힌 방을 모으고, 2층은 하나의 커다란 방으로 계획하여 LDK를 배치했다. 2층의 남쪽 면에는 바닥에서부터 천장까지 커다란 개구부로 베란다가 이어진다. 바닥까지 내려오는 6장의 창(접이식 폴딩도어)을 전부 열면 베란다와 LDK가 일체가 되어 반 옥외의 개방적인 공간이 된다.

LDK의 중앙에 얇고 긴 보이드를 만든 것도 포인트. 상부에 설치한 높은 측창으로부터 빛이 들어와 하얀 벽에 다양한 실루엣을 만들어 공간을 풍부하게 한다. 옥상과 다락은 사다리를 이용해야 한다. 숨은 방 같은 분위기 있는 공간이 아이들에게 행복한 놀이공간이 될 것이다.

1 부엌 - 자주 사용하는 싱크대는 다크 브라운 색상의 시스템키친. 벽면의 붙박이가구는 하나인 것처럼 보이게 디자인했다. **2** LDK - 가족이 장시간을 보내는 LDK는 도로에서 떨어진 장소에 만들고 싶다는 바람으로 2층에 계획하는 것으로 결정했다. **3** 식당 - 큰 테이블(길이 240X폭90㎝)을 LDK의 중심에 놓았다. 테이블은 이 공간에 맞추어 목공사 때 함께 제조했다.

2F | 가구는 낮고 아늑하게

작은 부분까지 그냥 넘어가는 법이 없는 건축주는 심플한 공간을 독특한 센스로 완성했다. 하얀 식탁에는 컬러풀한 의자를 두고 거실·식당의 한쪽 구석 벽면에 크고 작은 액자를 장식하여 하얀 공간의 포인트로 삼았다. 구석구석 꼼꼼하게 챙긴 수납공간도 이 집의 특징이다. "이전에 살던 집에서는 물건들 속에서 사는 것 같았어요. 아이들이 움직일 공간이 한 평도 채 않나왔으니까요." 다락과 드레스룸 등으로 가능한 모든 수납공간을 확보하여 모든 방이 산뜻하고 넓게 느껴진다.

1 침실 – 수납가구의 안쪽은 침실이다. 당초 아이방으로 준비한 공간이지만 지금은 가족 모두의 침실로 사용한다. 그 때문에 생활의 대부분을 2층에서 하고 있다고 한다. **2** 침실 – 이 사진을 보면 원룸의 한쪽 구석이 침실이라는 것을 잘 알 수 있다. 낮은 수납가구로 느슨하게 구분해 거실의 천장에서 내려온 빛이 침실에도 닿는다.

넓게 보이는 포인트 · 건축가의 팁!

1 실내문은 높이를 천장까지 높여 뚫는다 – 1층 방은 지금은 아이방으로 사용하고 있지만 언젠가는 침실이 될 예정이다. 입구의 문을 천장까지 높여 넓게 보이도록 디자인했다. **2** 고창을 계획하여 공간의 깊이감을 준다 – 계단 쪽의 고창. 이와 같이 높은 위치에 창을 내면 좁은 공간도 넓게 보이는 효과를 얻을 수 있다. LDK에도 몇 개 더 설치했다. **3** 보이드 주변으로 벽을 만들지 않는다 – 거실에서 계단실을 본 모습. 벽이 없어 공간이 넓어 보이고 깊이가 깊어졌다. 또 계단 위의 고창으로 부터 들어온 빛을 방의 구석구석까지 들이는 것도 가능하다.

미장 마감과 도장 작업에 건축주가 직접 참여했다.

다소 좁고 긴 모양의 대지에 맞추어 단순한 박스 형태를 채택했다. 시선을 고려해 보기 좋은 남쪽에 큰 개구부를 두었다. 모두 열면 베란다와 일체가 된 개방감을 맛볼 수 있다. 넓어 보이기 위한 고민으로 창의 뚫는 방법도 고민했다. 대부분의 창을 모퉁이나 천장까지 높은 위치에 냈다. 코너에 창을 내면 시선이 밖으로 확장되어 공간에 깊이감을 준다. 이 집의 또 하나 특징은 건축주의 참여이다. 1층 물 쓰는 곳의 규조토, 바닥과 가구의 도장, 음악실의 내장 등은 건축주가 직접 작업했다. 비용 절감을 위한 방편이기에 앞서 자신의 집에 애착이 커지는 계기도 된다.

8.86

9.61

11.10

건축면적

18
평 이하

일본의 땅콩집 베스트 사례

30평 이하의 땅에 지을 수 있는 평면 6가지 사례
공간의 크기와 이미지를 상상해 보세요

14.03

15.03

16.53

건평
8.86
평

LDK를 3층으로 올리고
최소한의 벽으로 공간을 더 넓게

대지면적 15.12평
연면적   24.82평

동북으로 좁고 긴 대지에 지은 폭 3.2미터, 깊이 9.1미터의 좁고 긴 건물. 프라이버시 확보와 채광, 통풍을 위해 철제 유공철판을 건물의 전면에 스크린으로 사용했다.

남북으로 좁고 깊으며 동서로는 옆집이 바로 붙어 있는 입지조건과, 15평이라는 좁은 대지면적 때문에 집을 3층으로 설계했다. 1층과 2층은 현관, 물 쓰는 곳, 사적인 공간으로 사용하고, LDK는 3층으로 올렸다. 일반적인 배치방법은 아니지만 가족이 모이는 공간을 쾌적하게 하고 싶다는 건축주의 요구로 채광과 통풍, 조망이 뛰어난 꼭대기층에 LDK를 배치했다. 또 프라이버시를 지키기 위해서 옆집에 면한 동서로는 창을 거의 내지 않고 남과 북을 활짝 열어 충분한 빛과 통풍을 확보했다.

가 족 구 성	부부+아이 1명
대 지 면 적	45.98㎡ (15.12평)
건 축 면 적	29.30㎡ (8.86평)
연 면 적	82.04㎡ (24.82평)
	1F 29.30㎡ + 2F 26.37㎡
	+ 3F 26.37㎡
구 조 / 공 법	목조 3층

현관 - 유모차와 자전거를 둘 수 있도록 여유 있게 넓이를 확보했다. 차고 쪽으로 난 틈을 통해 약간의 빛이 들어오고 계단 위에서도 빛이 퍼진다. 오른편의 복도 안쪽에 욕실과 세탁기가 있다.

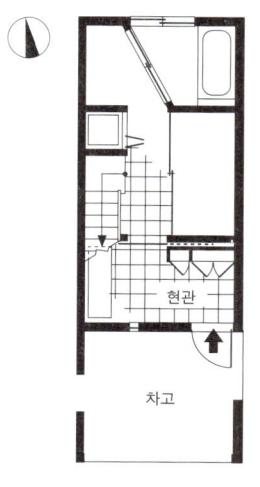

| 1F

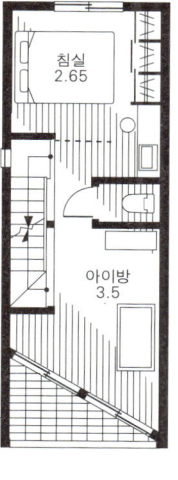

| 2F

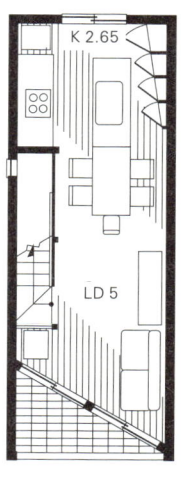

| LF

1 2층 아이방·침실 – 바로 앞이 아이방이고 안쪽에 침실이 있다. 두 방 모두 문 없이 침실만 롤커튼으로 나뉘어 있다. 공간을 조금이라도 더 넓게 쓰기 위한 방편으로 계단도 방과 일체화시켰다. **2, 3** 3층 LDK – 정면의 창은 남쪽 면이어서 밝은 장소에 거실을 배치했다. 조리대와 식탁의 높이를 맞추기 위해 바닥을 한단 내려 설계했다. 싱크와 아일랜드 쪽 벽면에는 조리대와 가스레인지를 배치했다. 부엌은 2열로 나누어 기능적으로 디자인했다.

건평
9.61
평

대지면적 19.47평
연면적 19.21평

데크와 거실, 식당을 연결하다

나무를 살린 소박한 외관. 건물 정면의 외벽재와 데크는 물에 강하고 상처가 쉽게 나지 않는 적삼목을 사용했다.

작은 집을 넓게 느끼게 하는 비결은 시선이 닿는 범위를 가능한 한 넓히는 것. 이 집에서는 건물의 폭과 깊이를 최대한 쓸 수 있는 LDK를 2층에 배치했다.

건축면적이 9.61평에 불과하지만 동쪽에 데크를 연결해 시선을 외부로 확장해 주기 때문에 생각보다 시원한 개방감을 느낄 수 있다. 욕실과 세탁실을 종일 햇빛이 머무는 2층에 배치한 것도 특징이다.

1 데크 – 2층 거실의 창 밖에는 아늑한 데크. **2** 2층 욕실 – 벽면에 화백나무 원목을 사용했기 때문에 실내가 증기로 가득차면 좋은 향기가 차오른다. 옆으로 크고 길게 창을 설치하고 입구의 문에 유리를 넣어 좁은 느낌을 해소했다. **3, 4, 5** 2층 LDK – 동서로 긴 방의 모양에 맞추어 부엌과 식당을 세로로 배치했다. 오히려 긴 방향이 강조되어 좁게 느껴지지 않는다. 테이블은 10명의 손님도 앉을 수 있는 큰 사이즈. 수납장 위로는 고창을 설치해 프라이버시를 지키면서도 시선을 확장시켜 넓게 느껴진다.

가 족 구 성	본인 (주인 1명)
대 지 면 적	64.35㎡ (19.47평)
건 축 면 적	31.76㎡ (9.61평)
연 면 적	63.52㎡ (19.21평)
	1F 31.76㎡ + 2F 31.76㎡
구 조 / 공 법	목조 2층

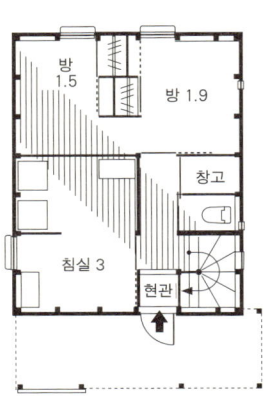

| 1F

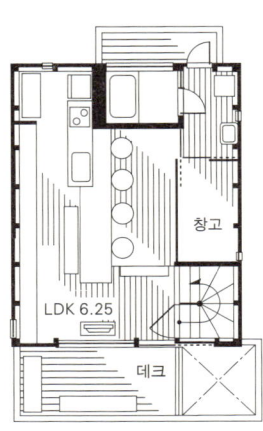

| 2F

2

3

4

5

건평
11.10
평

대지면적 22.53평
연면적　 23.20평

스킵플로어, 기울어진 땅의 단점을 거꾸로 장점으로 살려내다

북쪽의 사선 제한을 해결하기 위해 지붕을 둥근 모양으로 했다. 벚나무 길의 경치를 실내에서도 즐길 수 있도록 2층 도로 쪽의 창문을 넓게 설계했다. 차양은 외벽과 같은 갈바륨 강판.

도로 쪽에서 안쪽으로 갈수록 오르막 형상인 땅의 단점을 장점으로 살리기 위해 스킵플로어 형식으로 디자인했다. LDK와 방은 2층에 같이 있으면서도 계단을 사이에 두고 공간이 나뉘어 있으며, 둥근 천장은 개방감을 높여 준다. 1층의 침실과 서재도 계단에 의해 구분되어 두 방의 연속성과 독립성, 두 마리의 토끼를 잡는 데 성공했다. 세면실과 화장실은 같은 공간에 배치해 공간을 좀더 여유 있게 활용하게 되었다.

가 족 구 성	부부+아이 1명
대 지 면 적	74.47㎡ (22.53평)
건 축 면 적	36.70㎡ (11.10평)
연 면 적	73.40㎡ (23.20평)
	1F 36.70㎡ + 2F 36.70㎡
구조 / 공법	목조 2층

1층 현관 – 현관을 들어서면 세 계단 위 정면으로 보이는 문이 욕실·세탁실로 통하는 문이다.

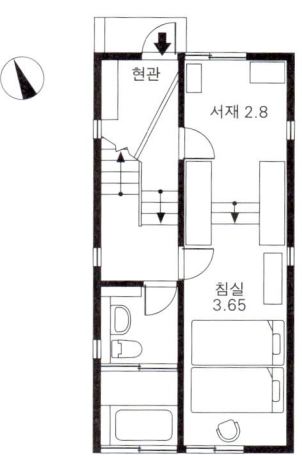
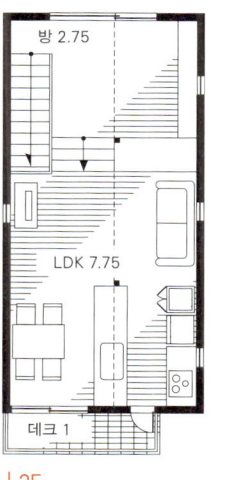
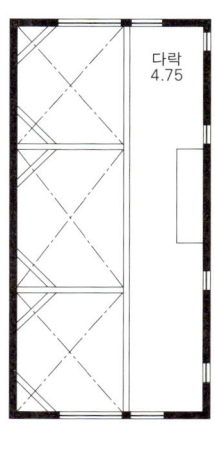

| 1F | 2F | LF

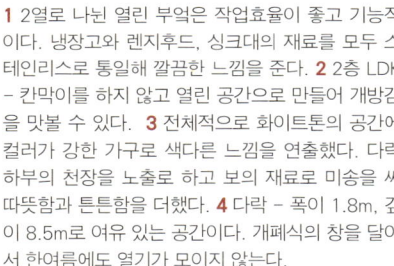

1 2열로 나뉜 열린 부엌은 작업효율이 좋고 기능적이다. 냉장고와 렌지후드, 싱크대의 재료를 모두 스테인리스로 통일해 깔끔한 느낌을 준다. **2** 2층 LDK – 칸막이를 하지 않고 열린 공간으로 만들어 개방감을 맛볼 수 있다. **3** 전체적으로 화이트톤의 공간에 컬러가 강한 가구로 색다른 느낌을 연출했다. 다락 하부의 천장을 노출로 하고 보의 재료로 미송을 써 따뜻함과 튼튼함을 더했다. **4** 다락 – 폭이 1.8m, 깊이 8.5m로 여유 있는 공간이다. 개폐식의 창을 달아서 한여름에도 열기가 모이지 않는다.

건평
14.03
평

대지면적 45.25평
연면적　 27.66평

원룸스타일의 장점을 살린 최소한의 동선

도로 쪽은 프라이버시를 확보하기 위해 작은 창을 배치한 디자인이 되었다. 육면체에서 모서리를 파낸 듯한 모양의 현관은 디자인적 요소 외에 비나 눈을 피할 수 있는 기능적 역할도 한다. 2층은 갈바륨 동판으로 마감.

방과 세탁실은 1층에, LDK는 2층 거의 전체를 사용한 원룸스타일의 집이다. 12.5평의 LDK는 위로 보이드를 주어 세로 방향으로도 넓어져 개방적인 공간이 되었다. 또 건물의 가운데에 계단을 두어 별도의 실이나 복도를 거치지 않고도 1층과 2층 사이를 오르내릴 수 있는 순환식 동선이 되었다. 쓸데없는 움직임이 없어서 가사도 생활도 합리적이고 아이들도 마음껏 뛸 수 있어 생활에 스트레스가 없다.

가 족 구 성	부부+아이 2명
대 지 면 적	149.58㎡ (45.25평)
건 축 면 적	46.37㎡ (14.03평)
연 면 적	91.45㎡ (27.66평, 다락 제외)
	1F 45.08㎡ + 2F 46.37㎡
구 조 / 공 법	목조 2층

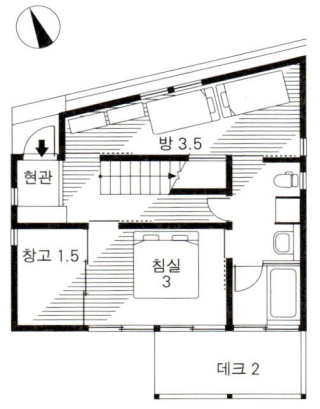

| 1F

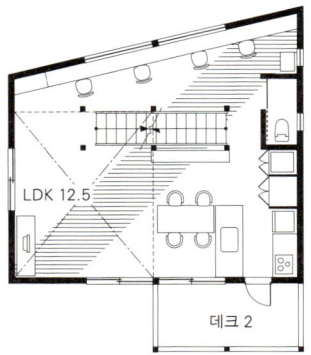

| 2F

1 데크 – 심플한 도로 쪽에 비해 남쪽을 넓게 열어 개방적인 디자인이다. 1, 2층 모두 데크가 있는데, 2층은 거실·식당의 연장으로 활용한다. **2** 2층 서재 공간 – 거실·식당을 가르는 중앙의 계단을 끼고 만든 책상은 가족 모두가 사용하는 공간이다. **3** 2층 LDK – 다락 위의 한쪽을 열어두어 개방감이 좋은 공간. 왼쪽 위로 다락이 보인다. 식탁은 이 공간에 맞추어 특수 제작한 것으로 넓이 200, 폭 90㎝의 큰 사이즈로 6인이 여유 있게 앉을 수 있다. **4** 1층 침실 – 도로 반대쪽 정원에 면한 조용한 장소에 침실을 계획했다. 창을 천장까지 높여서 방이 넓게 보이고 빛이 긴 시간 들어온다. 정면으로 보이는 문은 욕실과 세탁실로 연결되어 편리하다. **5** 다락으로 오르는 계단은 시선을 막지 않는 선난간 타입. 가는 파이프와 바닥판으로만 구성해 공간이 좁아 보이지 않는다. 계단 건너편은 2번 사진, 가족이 사용하는 서재 공간이다.

건평
15.03
평

대지면적 20.78평
연면적 30.39평

거실과 식당을 방처럼 사용하다

염해가 심한 지역이어서 외벽은 갈바륨 동판으로 마감했다. 2층 필로티 데크는 주차장의 지붕도 겸하고 있다. 현관은 삼나무 목재 데크로 마감.

아이들이 아직 어려서 자주 계단을 오르내리는 것이 부담스럽다는 생각이 들어 1층에 LDK, 2층과 3층에 방을 배치했다. 안타깝게도 1층의 남서쪽으로 콘크리트 옹벽이 높이 솟아 있어서 채광과 프라이버시 확보가 어려운 입지였다. 해결책으로 데크를 설계, 콘크리트 벽을 목재 펜스로 완전히 숨겼다. 데크를 두어 외부로 시선이 확장되고 거실·식당의 구석구석까지 빛이 스며든다.

가 족 구 성	부부 + 아이 1명
대 지 면 적	101.74㎡ (20.78평)
건 축 면 적	49.68㎡ (15.03평)
연 면 적	100.46㎡ (30.39평)
	1F 47.47㎡ + 2F 33.12㎡ +
	3F 19.87㎡
구 조 / 공 법	목조 3층

2층 데크 - 2층의 침실에서 이어지는 데크로 아래는 주차장이다. 테이블과 벤치는 기성품을 구입하여 건축주가 직접 도장했다.

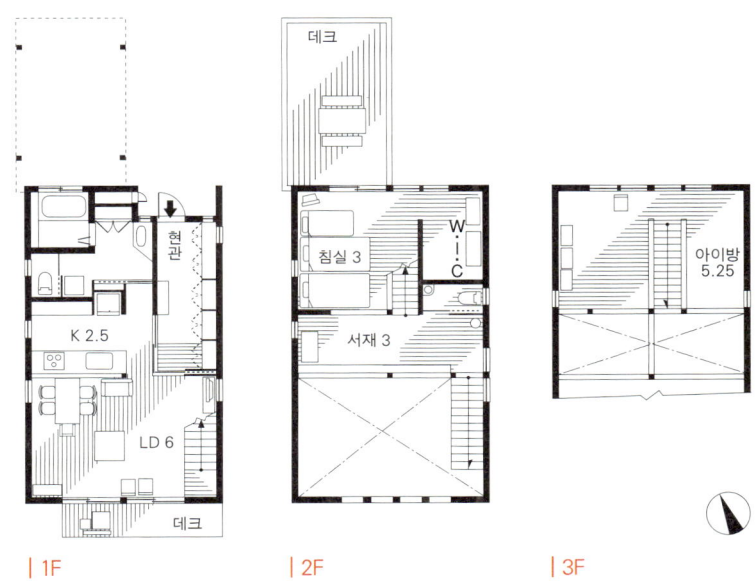

| 1F | 2F | 3F

1 두터운 보와 기둥을 드러낸 목조 공법이다. 목재는 전부 일본 규슈에서 생산된 삼나무로 소파 뒤로 기둥이 보인다. **2** 2층으로 향하는 계단은 거실·식당 안에 있어 공간이 절약된다. 계단의 디딤판은 노송나무의 집성재, 천장은 낙엽송을 사용. **3** 3층 아이방 – 계단을 사이에 두고 양쪽으로 나뉜 설계. 계단 아래의 방과 연결해 구배를 주어 낮은 천장의 압박감을 해소하려 했다. **4** 1층 LDK – 데크까지 시선이 이어져 기분 좋은 거실이다. 벽면은 아이보리색의 규조토 마감, 바닥은 원목 낙엽송을 사용, 창은 단열 성능이 우수한 복층유리이다. 데크의 바닥은 삼나무, 정면의 펜스는 노송나무를 썼다.

건평
16.53
평

대지면적 30.62평
연면적 49.41평

중정으로 이어지는 넉넉한 실내
새하얀 인테리어로 넓게 연출

지반면에서 조금 아래를 파 지하를 만들었다. 이로써 1층은 외부의 시선을 신경 쓰지 않고 살 수 있는 높이가 되었다. 하얀 벽과 유리를 조합한 경쾌한 디자인이다.

건축가는 약 31평의 땅을 효율적으로 쓰기 위해서 문밖과 실내를 동시에 사용할 수 있는 중정을 제안, 1, 2층 모두 중정을 감싸도록 방을 배치했다. 식당 자체는 넓지 않은 면적이지만 중정과 연결해 보이드의 개방감으로 실제보다 넓게 느껴진다. 2층은 개인방과 욕실, 세탁실을 배치. 복도 쪽에는 중정으로 향하는 커다란 개구부를 두어 집 안 구석구석까지 충분한 빛을 끌어들인다.

가 족 구 성	부부 + 아이 1명
대 지 면 적	101.22m² (30.62평)
건 축 면 적	54.64m² (16.53평)
연 면 적	163.33m² (49.41평) B1F 58.65m² + 2F 54.64m² + 2F 50.04m²
구 조 / 공 법	목조 재래패널 공법

1층 식당·주방과 중정 – 식당·주방과 거실은 각각 독립된 분위기를 가지면서 L형으로 부드럽게 연결되어 있다. 중정을 제외한 1층 전체에는 온수식 바닥난방을 설치했다.

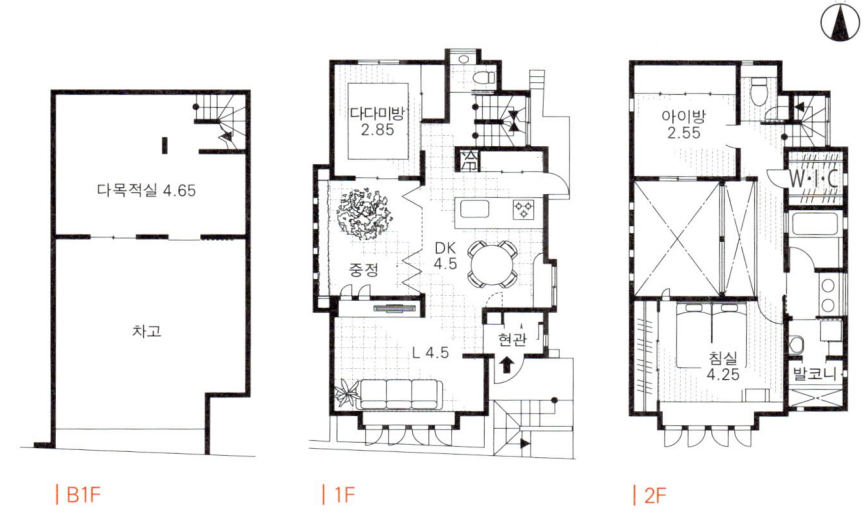

| B1F | 1F | 2F

1 접이문을 전부 열면 식당·주방과 중정이 하나로 되어 개방적인 공간이 연출된다. 중정의 고창으로부터 실내에 빛이 닿는 멋진 공간이다. 중정의 바닥은 실내와 같은색 타일로 마감하여 공간이 확장되는 느낌을 강조했다. **2** 1층 식당·주방 – 부엌과 식당을 같은 공간에 계획. 천장 수납장이나 별도의 조리대를 없애 부엌을 단순화하여 한눈에 보아도 거실과 이질감이 느껴지지 않는다. **3** 부엌 – 아일랜드를 따로 만들지 않는 대신 대리석 카운터의 폭과 넓이를 충분히 키웠다. 쿠킹히터로 단차 없이 매끈한 카운터로 디자인하고 렌지후드의 재료에도 신경을 썼다. **4** 세탁실 – 어떤 방에서도 이용하기 쉽도록 침실과 아이방의 사이에 배치했다. 욕실 〉 세면실 〉 세탁실 〉 건조발코니가 연결되어 동선에도 효과적인 배치이다.

토지와 건물의 법규 제한 체크리스트

토지를 선택할 때에는 부지의 넓이와 모양에만 신경을 쓰기 쉬운데 그 땅에 지을 수 있는
건물의 넓이와 높이도 법률로 규제 받는다. 때문에 우선 토지와 건물의 법규 제한부터 체크해야 한다.

006_ 건물의 넓이와 높이는 용도지역에 따라 정해진다

건물의 종류와 규모(면적과 높이)를 거의 결정짓는 요소는 도시계획법의 용도지역 제한이다. 병원과 오락시설 등 용도가 다른 건물이 무질서하게 난입하면 혼란이 발생한다. 용도지역에 의한 규제는 서로 비슷한 용도의 건물을 집약해 환경을 지키고 편리성을 향상시키기 위해 만들어졌다. 아래의 표와 같이 용도지역은 주거, 상업, 공업, 녹지지역의 크게 네 가지로 분류되어 있고 거기에 16종류의 용도지역으로 세분화된다. 여기에 각각의 지역별로 지을 수 있는 건물의 종류와 용도, 건폐율과 용적률이 정해져 있다.

건물의 주요 법 규제

- ●건폐율
  대지면적에 대한 건축면적(건평)의 비율로 용도지역에 따라 상한이 정해져 있다.

- ●용적률
  대지면적에 대한 전체 건물면적의 비율로 용도지역에 따라 상한이 정해져 있다.

- ●사선제한
  용도지역에 따라 도로사선제한·인접경계사선제한·북측사선제한이 있다. 고도지구의 경우는 제약이 있다.

- ●인접경계선으로부터 외벽까지의 거리
  제1종·제2종 전용주거지역에서는 건물의 외벽에서 인접경계선까지의 거리를 1.0m 이상 6.0m 이하로 두지 않으면 안 되는 경우가 있다.

- ●방화지역
  방화지역에서는 총 건물면적 30㎡를 넘는 건물 등은 내화건축물로 하지 않으면 안되고 원칙적으로 목조는 불가.

용도지역/내용	용도지역 세분		
	구 분		내 용
주거지역 거주의 안녕과 건전한 생활환경 보호를 위하여 필요한 지역	전용주거지역: 양호한 주거환경을 보호하기 위하여 필요한 지역	제1종 전용주거지역	단독주택 중심으로 양호한 주거환경을 보호하기 위하여 필요한 지역
		제2종 전용주거지역	공동주택 중심으로 양호한 주거환경을 보호하기 위하여 필요한 지역
	일반주거지역: 편리한 주거환경을 조성하기 위하여 필요한 지역	제1종 일반주거지역	저층주택을 중심으로 편리한 주거환경을 조성하기 위하여 필요한 지역
		제2종 일반주거지역	중층주택을 중심으로 편리한 주거환경을 조성하기 위하여 필요한 지역
		제3종 일반주거지역	중·고층주택을 중심으로 편리한 주거환경을 조성하기 위하여 필요한 지역
	준주거지역		주거기능을 위주로 이를 지원하는 일부 상업·업무기능을 보완하기 위하여 필요한 지역
상업지역 상업 그 밖의 업무의 편익증진을 위하여 필요한 지역	중심상업지역		도심·부도심의 상업 및 업무기능의 확충을 위하여 필요한 지역
	일반상업지역		일반적인 상업 및 업무기능을 담당하게 하기 위하여 필요한 지역
	근린상업지역		근린지역에서의 일용품 및 서비스의 공급을 위하여 필요한 지역
	유통상업지역		도시내 및 지역 간 유통기능의 증진을 위하여 필요한 지역
공업지역 공업의 편익증진을 위하여 필요한 지역	전용공업지역		주로 중화학공업·공해성 공업 등을 수용하기 위하여 필요한 지역
	일반공업지역		환경을 저해하지 아니하는 공업의 배치를 위하여 필요한 지역
	준공업지역		경공업 그 밖의 공업을 수용하되, 주거·상업·업무기능의 보완이 필요한 지역
녹지지역 자연환경·농지 및 산림의 보호, 보건위생, 보안과 도시의 무질서한 확산을 방지하기 위하여 녹지의 보전이 필요한 지역	보전녹지지역		도시의 자연환경·경관·산림 및 녹지공간을 보전할 필요가 있는 지역
	생산녹지지역		주로 농업적 생산을 위하여 개발을 유보할 필요가 있는 지역
	자연녹지지역		도시의 녹지공간 확보, 도시확산의 방지, 장래 도시용지의 공급 등을 위하여 보전할 필요가 있는 지역으로서 불가피한 경우에 한하여 제한적인 개발이 허용되는 지역

007_ 주거지역은 건폐율과 용적률이 엄격하다

대지와 건물 크기의 비율을 건폐율과 용적률로 나타내고 용도지역에 따라 상한이 정해져 있다. 주거지역에서는 주택단지의 환경을 보호하기 위해 건폐율의 상한이 보통 50~60%이며, 상업지역은 보통 70~80%로 높게 설정되어 있다. 그 때문에 부지의 면적이 같아도 용도지역이 다르면 지을 수 있는 집의 넓이가 달라진다.

건폐율이란 대지면적에 대한 건축면적의 비율로, 건축면적을 대지면적으로 나눈 수치로 표시한다. 건축면적이란 흔히 말하는 건평으로, 건물을 위에서 내려다보았을 때 땅을 얼마나 덮고 있는지를 표시한 것이다. 구체적으로는 건물의 외벽이나 기둥의 중심선으로 둘러싸여 있는 수평투영면적을 가리켜, 나오는 치수가 1m 미만의 차양이나 지상에 드러난 부분이 높이 1m 이하인 지하실 등은 원칙적으로 포함되지 않는다. 산정의 세부항목에 대해서는 각 지자체의 기준이 있기 때문에 미리 조사할 필요가 있다.

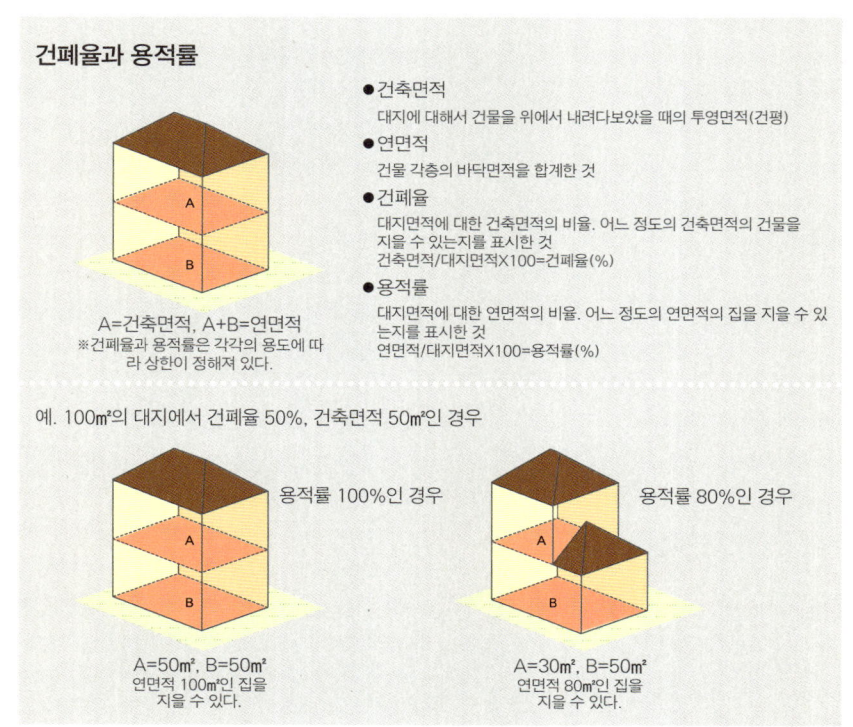

> **인접대지경계선과의 거리**
>
> 제1종 · 제2종 저층전용주거지역에서는 건물의 외벽에서 인접경계선까지의 거리를 1m 이상 두어야 한다. 인접지와의 거리에 대해서는 민법에 규정이 있고 지구별로 각기 다르기 때문에 자세한 조사가 필요하다.

용적률이란 대지면적에 대한 연면적(각층의 바닥면적의 합계)의 비율이다. 용적률은 이 연면적을 대지면적으로 나눈 수치로 나타낸다. 단, 대지에 접하는 도로의 폭이 12m 이상인가 미만인가에 따라서 용적률이 변하기 때문에 주의가 필요하다. 또 주거용 건물에 있는 1.5m 미만의 발코니, 지하실, 필로티로 된 차고 등은 용적률에 포함되지 않는다.

008_ 도로와 대지의 관계에 관해 알아두어야 할 사항들

|도로| 도로에 2.5m 이상 접하는 것이 절대조건

건축법에는 건물을 짓기 위해서는 대지가 도로에 2m 이상 접해 있어야 한다고 정해져 있다. 이 경우에 도로라는 것은 폭이 3m(지역에 따라서는 6m) 이상의 공도나 위치 지정 도로라고 정해진 사도 등이다. 3m 미만이라도 각 지자체가 지정한 도로라면 도로로서 인정된다. 도시계획도에는 장래 도로의 건설을 예정한 '계획도로'가 있다. 대지가 이 계획도로에 걸리는 경우는 그 영역을 피해서 건물을 지어야 한다.

|깃대 모양 부지| 도로 부분은 폭과 길이를 확인

깃대 모양 부지라고 불리는 이 땅은 좁은 도로의 끝에 토지가 펼쳐진 모양을 하고 있다. 이런 부지는 접도 상황에 따라 집을 지을 수도 짓지 못할 수도 있기 때문에 주의가 필요하다. 위에 설명했듯이 대지가 도로에 2m 이상 접하지 않으면 건물은 지을 수 없다. 이 외에도 건물의 용도나 바닥면적에 대해서도 제한이 있다.

| 셋백·가각 정리 | 도로에 접해 있으면 대지경계선이 후퇴할 수 있다

대상	너비 8m 미만인 도로의 모퉁이에 위치한 대지			
	도로의 교차각	해당 도로의 너비 (A 또는 B)		교차되는 도로의 너비
		6m 이상 8m 미만	4m 이상 6m 미만	
내용	90° 미만	4m	3m	6m 이상 8m 미만
		3m	2m	4m 이상 6m 미만
	90° 이상 120° 미만	3m	2m	6m 이상 8m 미만
		2m	2m	4m 이상 6m 미만

▲ 부분: 대지면적에서 제외
건축선: 교차점에서 후퇴한 2점을 연결한 선

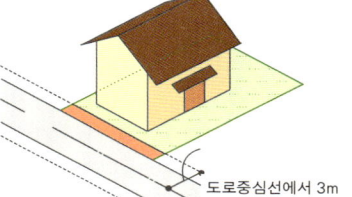

셋백 – 도로 도로중심선에서 3m

폭 3m 미만인 도로의 경우 도로에서 2m(지역에 따라서는 3m)까지의 부분은 도로로 간주하고 대지가 여기에 걸리는 경우 셋백 하지 않으면 안 된다.

도로중심선에서 3m

009_ 환경과 일조권을 지키기 위해 높이에 관계되는 제한

| 사선제한 |

건축물의 높이는 일조(日照)·채광(採光)·통풍·미관 등을 결정하기 때문에, 도시환경을 확보하기 위해 건축물의 높이를 제한하는데 보통 도시의 각 구역마다 집단화하여 높이를 규제한다. 건축물 전면 도로의 반대쪽, 정북방향 대지경계선, 인접대지와 경계선 등으로부터 그은 일정한 사선 이내에서 건축을 억제하여 제한하는 것을 보통 사선제한이라 말한다. 도로사선제한, 북측사선제한, 인접지 사선제한의 세 가지인 셈이다. 도로사선제한은 건축허가권자가 지정하여 공고한 건축물 최고 높이가 정해지지 않은 가로구역(도로로 둘러싸인 일단의 지역)의 경우 건축물의 각 부분의 높이는 그 부분으로부터 전면(前面)도로의 반대쪽 경계선까지의 수평거리의 1.5배를 넘을 수 없다는 제한이며(다만, 대지가 둘 이상의 도로, 공원, 광장, 하천 등에 접하는 경우에는 건축물의 높이를 해당 지방자치단체의 조례로 따로 정할 수 있다), 북측사

선제한은 일조를 확보하기 위해 건축물의 높이를 제한하는 것으로, 전용주거지역과 일반주거지역 안에서 건축하는 건축물은 정북방향의 인접 대지경계선으로부터 일정 거리를 띄어야 하며, 공동주택은 법이 정하는 기준에 맞아야 하고 일정한 높이 이하로 해야 한다는 제한이다. 그리고 인접지 사선제한도 일조를 확보하기 위해 높이를 제한하는 것으로 건축물의 높이를 정남방향의 인접대지경계선으로부터 거리에 따라 일정한 높이 이하로 규제하는 것이며, 그 높이는 도지사 또는 시장, 군수, 구청장이 정하여 고시한다.

사선제한(제1종·제2종 전용주거지역의 예)

010_ 조건이 좋지 않은 토지는 이렇게 활용한다
| 좁고 긴 대지 | 중정과 톱라이트로 빛을 끌어들인다

좁고 긴 모양의 건물이라도 어느 정도 넓으면 좋겠지만, 주택이 밀집되어 있고 협소한 땅에서는 채광과 통풍이 문제이다. 특히 개구부가 좁고 양측 면으로 옆집이 바짝 붙어 있는 대지에서는 옆(벽)에서의 충분한 채광을 바랄 수 없다. 물론 환기를 위한 창은 필요하지만 아무렇게나 창을 내면 프라이버시의 문제가 있다. 이런 대지에서는 위로부터 빛을 담는 평면이 최적이다. 건물이 중정을 감싸는 ㄷ자형이나 L자형으로 하고 정원에 큰 창을 내면 햇빛과 바람이 충분히 들어온다. 중정을 테라스 등으로 하면 방의 연장으로 이용할 수 있는데다 중정은 건폐율에도 용적률에도 포함되지 않는다. 중정을 두면 실제 바닥면적 이상의 볼륨감이 있는 건물이 된다.
중정을 두기 어려운 조건이라면 톱라이트를 추천한다. 건물의 중앙부에 방과 연결

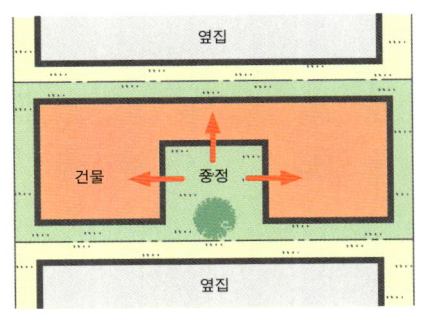 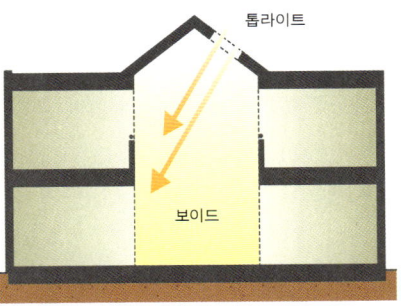

◀◀ 좁고 긴 대지는 중정을 감싸는 ㄷ자형의 건물이 빛과 바람을 들여보내기 쉽다. 데크를 두면 방의 느낌으로 쓸 수 있다. ◀ 중정을 둘 수 없을 정도로 작은 땅이나 프라이버시 확보가 어려운 입지에서는 건물의 중앙 보이드에 톱라이트를 이용해 빛과 바람을 끌어들인다.

된 보이드에 톱라이트를 설치하면 위층에서 아래층까지 빛이 퍼지고 밀도가 높은 주택단지에서도 밝은 집이 된다. 필요에 따라 환기가 가능한 개폐식으로 하면 여름에 천장 부근에 열기가 모이지 않는다.

| 높이 차이가 있는 대지 | 단차를 잘 살릴 수 있는 평면을 고려한다.

높이 차이가 있는 대지는 성토를 해 평평하게 하지 않는 것이 중요하다. 왜냐하면 성토한 부분은 연약해지는 경우가 많고 비용도 많이 들기 때문이다. 때문에 높이 차이를 살린 계획을 생각하는 것이 유리한 방법이다. 경사지의 경우 반 층씩 바닥의 높이를 어긋나게 하는 스킵플로어가 좋다. 도로면에서 한 단 올라간 대지에서는 도로의 레벨에 빌트인 차고를 만들고 위를 주거공간으로 하는 방법을 권한다. 이렇게 하면 도로에서 실제로 지하에 해당하는 차고가 1층으로, 주거부분이 2·3층처럼 보인다. 주거가 도로에서 한단 올라갔기 때문에 프라이버시를 지키기 쉬운 이점도 있다.

좁은 땅, 밀도가 높은 땅, 비정형 땅의 체크포인트

- 기존의 건물이 있다면 좁고 촘촘한 땅에서는 해체 철거 때 문제가 발생하는 경우도 있다. 이런 경우에는 해체에 익숙한 시공업체를 선택해야 한다.
- 간선도로에서 해당 토지까지 큰 트럭과 크레인차 등이 들어올 수 있는지 확인이 필요하다. 차량의 진입이 어려워 자재 반입을 인력으로 해결해야 할 경우 인건비가 늘어난다.
- 대지 내에 자재 두는 곳을 확보할 수 있는지도 중요하다. 여유 공간이 없어 빌려야 한다면 그만큼의 추가 비용이 든다.
- 대지 형상에 맞는 설계인지 확실히 체크하고 시공사의 공법에 관해서도 확인한다.

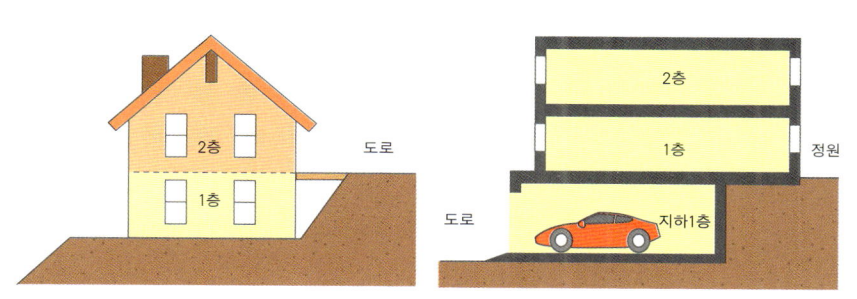

◀◀ 도로에서 한단 내려간 대지에 집을 지을 때는 먼저 배수루트를 확인하자. 도로 레벨에서만 배수루트를 잡을 수 없는 경우는 물 쓰는 곳을 2층에 두면 된다. ◀ 도로에서 한단 올라간 대지에서는 도로레벨에 빌트인 차고를 만들고 위층을 주거로 하는 평면도 적절하다.

◀◀ **온통기초** 건물의 아래 전면을 철근콘크리트로 굳힌 기초. 건물의 하중이 면으로 분산되어 부동침하를 방지하고 내진성도 높다. 연약 지반에 적합하다. ◀ **줄기초** 일반적인 주택의 기초. 건물의 바깥주변과 방이 구획되는 벽의 하부를 따라 기초부분이 가늘고 길게 연속되어 연속기초라고도 한다.

| **연약 지반** | 불안한 지반은 사전에 철저히 조사해야 한다.

토지를 매입할 때는 지반 상태를 잘 확인한다. 연약한 지반에 집을 지으면 건물이 기우는 부동침하가 일어나기 쉽고 지진의 피해도 커진다. 강이나 늪 옆, 연못 등 물과 관계된 단어가 들어간 지명은 특히 주의할 필요가 있다. 과거에 강이나 연못이었던 곳을 매워 만든 땅일지도 모르기 때문이다. 이런 매립지는 지반이 약하기 마련. 그 주변에 살고 있는 연세 지긋한 어르신들에게 물어 옛날 상태를 확인하면 좋다. 산을 깎아 무너뜨려 계단식으로 조성한 땅은 절토부분은 단단하지만 성토부분은 연약하기 쉽다. 견고한 정도가 다른 지반에 걸터앉은 토지는 부동침하가 일어나기 쉽다.

지반 강도가 불안한 토지는 반드시 지질조사를 실행하고 어느 정도까지 하중에 견딜 수 있는 토지인지를 조사 한다. 그러고 나서 지반에 맞는 개량공사와 건물공법을 검토한다. 연약 지반이 비교적 얕으면 연약한 층에 시멘트계의 고화제를 섞어

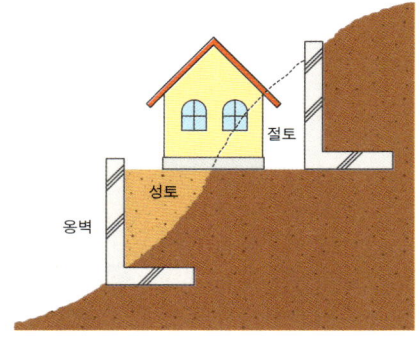

옹벽·성토·절토 – 성토를 하여 새로 조성된 부분은 충분히 다지지 않을 경우 흙의 밀도가 다르므로 집을 지은 이후에 부동침하(토지의 일부가 가라앉는 현상)의 원인이 된다.

주요 공법의 종류와 특징·대지에 대한 적응성

목조기둥보구조
가장 일반적인 공법이다. 기둥과 보, 도리, 토대 등의 부재로 건물의 골조를 만들어 세우는 방법으로 목조재래공법이라고도 불린다. 지진 등 옆에서 오는 힘(횡력)에 대비하여 가새나 구조용 합판을 사용하거나 접합부에 금속을 보강한다. 구조상의 제약이 적기 때문에 다양한 모양의 땅에도 유연하게 대응할 수 있고 개구부의 크기도 비교적 자유롭다. 현장에서의 작업이 많기 때문에 시공업자의 기술의 차에 따라 편차가 심하다.

경량목구조(2X4 공법)
북미에서 도입된 공법이다. 마루, 벽, 천장의 6면으로 건물을 지지하는 구조로 지진 등의 힘을 각각의 면에서 분산하여 받아들이기 때문에 내진성이 뛰어나다. 공장 생산한 부재를 사용하여 매뉴얼에 따라 시공되기 때문에 현장에서의 기술력에 따라 좌우되는 일이 적고, 공기도 비교적 짧다. 벽으로 건물을 지지하기 때문에 개구부의 위치가 제한되고 리모델링할 때 방배치 변경이 어렵다.

철골조
목조기둥보구조의 기둥이나 보 등의 구조재를 경량철골로 바꾼 철골공법과 중량철골의 기둥과 보를 접합한 프레임으로 지지하는 철골라멘공법, 패널유니트 공법 등이 있다. 기둥의 간격을 넓게 둘 수 있어서 반원형 등의 특수한 모양의 지붕에도 대응할 수 있다. 방배치나 개구부를 뚫는 방법에도 제약이 적고 땅의 다양한 조건에도 유리하다.

철근콘크리트구조
인장력에 강한 철근과 압축력에 강한 콘크리트. 이 두 개의 특성을 일체화하여 뛰어난 강도를 실현한 공법으로 RC조라고도 한다. 다른 공법에 비해 내진성, 내구성, 내화성, 단열성 등이 뛰어나고, 설계에 제약이 적지만, 비용도 높다. 벽이 두꺼워지기 때문에 대규모 주택에 알맞다. 공사기간도 길다.

프리패브(Pre-fab)공법
목재패널공법이나 유니트공법, 철골계, 콘크리트계 등이 있다. 구조재의 사이즈가 한정되어 있는 공법에서는 땅에 따라 불가능한 경우가 있다. '도시형' 상품은 좁은 땅에서도 지을 수 있기는 하지만 기본적으로 모듈화 되어 있는 자재를 사용하므로 다양한 유형의 땅 조건에 모두 알맞은 집을 기대하기는 어렵다.

지반을 견고하게 하는 방법이 있다. 연약 지반이 1m 이상일 경우 금속제의 말뚝을 딱딱한 지반까지 박는 방법을 취할 수 있다. 건물의 기초는 비용이 다소 올라가더라도 넓은 면에 건물의 무게를 분산시킬 수 있는 온통기초로 하는 게 좋다. 기초와 지반에 관련된 이런 사항들은 눈에 보이지는 않지만 전체 건축비용에 많은 영향을 미치고 전문적인 분야이기 때문에 건축가와 상담하는 것이 좋다.

토지를 선택할 때 체크포인트

- 건축법에 지정된 도로에 2m 이상 접해 있는지
- 어느 용도지역에 속해 있는지
- 시가화조정구역에 지정되어 있지 않은지
- 방화지역이나 준방화지역에 지정되어 있지 않은지
- 일조와 바람의 방향, 배수는 어떤지
- 지반은 약하지 않은지(강, 연못, 늪, 계곡 등 물에 관련된 지명은 주의)
- 토지 주변의 환경은 어떤지
- 통근·통학·쇼핑은 편리한지
- 병원과 관공서 등 생활과 관련된 시설은 가까이 있는지

건축가에게 듣는 작은 집 이야기

'작은 집'에 대해 궁금한 점을 건축가에게 물어보았다. 토지를 사려는 사람에게도, 집의 설계로 고민하고 있는 사람에게도 참고가 될 만한 조언들이 가득하다. 앞서 소개한 집을 설계한 건축가들이 질문에 답했다.

Q1. 작은 집에 대해서는 각자의 기준이 있다고 생각한다. 보통 몇 평 이내면 작은 집이라고 생각하는가?

A1. 확실한 기준은 없지만, 건평 6~7평 이내를 작은 집이라고 생각한다.

A2. 지금까지 설계한 경험으로 보면 연면적이 27평 이내를 작은 집이라고 생각한다.

A3. 명확한 정의는 없다. 개인적으로는 25평 이하의 땅에 지은 집을 작은 집이라고 생각한다.

A4. 건평으로 약 8~12평 이내의 집이라고 본다. 작은 집의 고전 "마스자와 마코토의 9평 하우스"는 3칸×3칸(1칸은 1.8m×1.8m)으로 2~3인이 모이는 다다미 8장 방(2칸×2칸)에 물 쓰는 곳과 동선을 더한 수치이다. 따라서 건평 9평 정도를 기준이라고 생각한다.

A5. 지금까지 많은 집짓기에 참여했지만 '작은 집'이라고 생각한 적은 한 번도 없었다. 어떤 주택이라도 면적에 제약이 있다. 제한된 비용 안에서 원하는 요소들을 조절해 쾌적한 삶으로 완성해 가는 것이 설계이다. 설계에 따라 주어진 면적이 작더라도 충분히 넓은 주택을 설계할 수 있다.

Q2. '작은 집'은 단순히 좁다는 것뿐이지 장점도 매우 많다고 생각한다. 작은 집이기 때문에 얻을 수 있는 장점은 어떤 것인가?

A1. 주로 원룸을 세로로 포갠 방식의 설계가 되기 때문에 냉난방 손실이 적다. 또한 청소가 편하고 안락하며 집안 어디에도 쉽게 손이 닿는다는 점 등도 장점이다.

A2. 대지가 좁아도 집을 짓는 일은 가능하다. 작은 집은 아무래도 공사비가 줄어들기 때문에 설령 토지가격이 높아도 도심에서 가까운 곳에 땅을 구할 수 있는 가능성이 높아진다.

A3. ①청소나 유지보수가 편하다. ②가족의 기척을 알기 쉽다. ③동선계획이 제대로 되어 있으면 편리한 집이 된다. ④총비용이 싸다. ⑤작은 대지의 경우 토지가 싸다. ⑥전기, 수도, 냉난방 등의 유지비용이 싸다. ⑦설계시에 반드시 필요한 요소만 따져 디자인해야 하기 때문에 집의 개념이 명쾌해진다.

A4. 좁고 작은 집은 무언가를 궁리하지 않으면 좋은 주택이 될 수 없다. 건축주도 그것을 알고 있기 때문에 좁아도 잘 살자는 도전정신을 갖게 된다. 설계자(건축가)의 입장에서 보면 같은 목표로 향하는 건축가와 건축주는 팀워크를 쌓기에도 좋다. 건축주의 입장에서 보면 여러 가지 아이디어를 가득 담은 주택을 비교적 경제적인 가격에 손에 넣을 수 있고 좁은 집에서 편안하게 살기 위해 스스로 자신의 생활을 다시 생각해 쓸데없는 공간을 줄인 주택을 손에 넣을 수 있다는 것이다.

A5. 공사비가 싸고, 유지비도 경제적이다. 집을 설계해 나가는 과정을 통해 가족 간에 대화도 늘어나고 더 가까워진다.

Q3. 작은 땅을 구입할 때 입지와 모양 등 주의해야 할 것이 있는지, 또 입지와 모양에 따라 지을 수 없는 경우도 있는지?

A1. 지하 이용을 제안하는 경우가 많기 때문에 지하 수위가 높은 땅은 가능한 한 피하는 것이 좋다. 또 전면도로가 넓고 용적률이 여유로운 지역을 선택하면 계획할 때 유리하다.

A2. 지반이 약하면 토지개량이나 말뚝 등 보이지 않는 부분에 비용이 든다. 또 모양이 일정하지 않은 대지는 건물의 모양도 비정형이 되기 쉽기 때문에 시공

비가 높아지는 경우가 있다.

A3. ①도심에서는 높이 등의 법규제한이 엄격하기 때문에 평면뿐 아니라 입체적으로 충분한 고려가 필요하다. ②방화지구에서는 규모에 따라 목조는 지을 수 없는 경우가 있다. ③용도지역과 높이 제한, 접도 상황에 따라 3개 층이 불가능한 경우가 있다.

A4. 작거나 모양이 반듯하지 않은 땅이라도 건축주의 각오가 서 있다면 건축가의 입장에서도 오히려 재미있는 땅이구나 하며 솜씨를 발휘하고 싶어지는 경우가 많다. 하지만 다음에 대해서는 주의가 필요하다. ①건폐율, 용적률에 따라 희망하는 면적을 확보하지 못할 수 있다. ②도로와 접한 폭이 좁은 경우 주차하고 사람이 지나갈 수 있는지를 확인해야 한다. ③특수한 대지의 경우 옹벽이나 말뚝 등의 건물공사 이외의 별도공사가 발생하고 비용이 드는 경우가 있다. 이렇게 말은 하지만 이것들의 문제나 비용은 고민하면 해결할 수 있고 토지구입 전에 건축가에게 보이는 과정이 중요하다.

A5. 도로의 너비와 위치에 따라 건물 크기에 제약을 받는다. 또 전문가가 아닌 사람들은 미처 알기 어려운 건축을 규제하는 법률도 상당히 복잡하고 난해하다. 토지 구입을 생각하고 있다면, 사전에 건축가에게 보여줄 것을 권한다.

Q4. 최소한 토지가 몇 평이면 집을 지을 수 있는가?
A1. 최소한 10평은 필요하다.
A2. 개인적인 경험으로 보면, 15평의 택지에 집을 지은 일이 있다.
A3. 9평이다.
A4. 건폐율에 따라 다르지만, 15~20평 정도이다.
A5. 창의적인 생각과 고민이 있으면 대지면적에 구애받지 않을 수 있다.

Q5. 작은 집을 설계할 때 넓어 보이기 위해서 또는 살기 편한 디자인을 위해 어떤 요소들을 활용하는가?
A1. 빛을 많이 끌어들이고 외부와의 일체감을 우선시한다. 가능한 한 열린 공간으로 계획하고 벽면 수납을 적극 활용하면 실내가 쾌적해진다.
A2. ①공간의 크기를 평면이 아니라 용적으로 생각한다. ②각 방에 목적별 수납

을 철저하게 둔다. ③창의 형태와 여는 법을 고민하여 시선이 트이도록 한다.
A3. ①주변 환경을 보면서 주택의 프라이버시를 확보. ②면적 대비 효율을 높인다(예: 문은 미닫이를 중심으로 한다). ③작은 공간에서 여유를 연출한다(예: 계단 아래를 수납으로 하지 않고 관엽식물이나 오브제를 둔다). ④수납공간은 확실히 둔다. ⑤내부공간을 시원하게 한다(예: 쓸데없이 툭 튀어나오는 부분을 만들지 않고, 디자인과 소재를 통일한다). ⑥자연광을 끌어들인다. ⑦원룸 등의 개방적 공간을 만든다. ⑧외부공간을 실내로 끌어들인다. ⑨보이드를 둔다. ⑩하나의 방을 겸용하는(예: 침실과 서재를 겸용, 거실과 손님방을 겸용, 아이방은 성장에 맞추어 서재나 손님방으로 겸용) 등 활용할 수 있는 요소들은 무궁무진하다.
A4. ①넓게 느껴지는 설계에 집중한다. ②단면 치수는 공간의 볼륨에 맞추어 높이거나 낮추어 조정한다. ③빛, 바람, 시선의 확장을 좋게 하기 위해 평면이나 단면에서도 사선 방향을 고려한다.
A5. ①LDK + 개인방의 선입관에 얽매이지 않고 칸막이를 없애고 널찍널찍한 공간을 확보한다. ②좁아도 괜찮은 부분은 콤팩트하게, 넓게 쓰고 싶은 방은 넓게 강약을 준다. ③방의 대각선이나 보이드에 시선이 향하도록 계획한다. ④외부공간에 시선이 미치도록 궁리한다. ⑤효율이 좋은 수납을 계획한다.

Q6. 작은 집이라도 프라이버시를 지킬 수 있을까?
A1. 외부에서의 시선에 대해서는 창을 내는 방법, 마당이나 데크 주변에 펜스를 만드는 방법을 궁리하여 프라이버시를 확보한다.
A2. 집안에서 가족끼리 서로의 시선에 대한 프라이버시를 지키는 일은 비교적 간단하지만, 가장 어려운 것은 소리의 프라이버시를 지키는 일이다.
A3. 물론 가능하다.
A4. 가족이 긴 시간 머무는 방과 외부와의 사이에 발코니나 물 쓰는 곳, 계단 등의 완충지대를 둔다. 창을 내는 위치를 생각하는 등 여러 가지 방법을 검토한다.
A5. 가족 공간과 사적인 공간의 관계가 중요하다. 아이의 성장은 의외로 빨라서 그 이후의 생활까지 상상해 평면을 제안한다.

Q7. 작은 집은 큰 집에 비해 지진에 약한가?
A1. 그렇지 않다.
A2. 건물의 크고 작음과 내진 성능은 전혀 관계가 없고 안전하게 구조설계를 하면 문제없다.
A3. 건축가가 설계한 주택이라면 구조설계자가 계산을 하고, 지진에 견딜 수 있는 집을 설계할 것이다.
A4. 내진 성능은 구조설계에 의해 결정된다. 넓이에 영향을 받는 요소가 아니다.

Q8. 작은 집은 평당 공사비가 상대적으로 비싸지는가?
A1. 규모가 작더라도 기본적인 설비를 위한 비용은 비슷하므로 큰 집에 비하면 평당 공사비는 비싸다.
A2. 부엌, 욕조, 세면 등의 설비 비용은 규모에 관계없이 들어간다. 때문에 작은 집의 전체 바닥면적에 따라 평당 공사비를 생각해 보면 상대적으로 비싸진다고 할 수 있다.
A3. 평당 단가로 따져보면 규모가 큰 집에 비해 상대적으로 비싸지만 작은 집이 총비용은 줄일 수 있다.
A4. 작은 집이 상대적으로 비싸다. 이유는 ①어떤 경우라도 규모 면에서 얻어지는 효과가 있고 ②집 한 채에 필요한 설비기구의 수량은 집이 크건 작건 변하지 않기 때문이다.
A5. 확실히 평당 단가로 생각하면 상대적으로 비싼 면도 부정할 수 없다. 하지만 전체 공사비를 생각하면 콤팩트한 집이 분명히 싸다.

Q9. 지금까지 설계한 주택 중 가장 작은 집의 넓이를 알려주세요.
A1. 건축면적 6평이 최소인데 연면적은 25평을 확보했다.
A2. 연면적 24평의 집을 설계했다.
A3. 대지면적 9평, 연면적은 21평인 집.
A4. 건축면적 8평, 연면적 23평인 집.
A5. 대지면적 8평이 가장 콤팩트한 주택이었다.

Q10. 마지막으로 작은 집의 설계에 특히 자신이 있는지? 그렇다면 그 이유는?

A1. 손이 많이 가는 것이 사실이지만 설계하는 사람으로서는 재미있는 작업이다.

A2. 도심에 짓는 경우에는 대체로 작을 수밖에 없다. 지금까지 300건 이상의 설계에 참여했는데 그 중 80%는 연면적이 30평 이하인 주택이었다.

A3. 자신 있다. 건축가는 법규제한 등을 숙지하고 있고 입지에 맞춘 구조나 공법을 선택하여 최적의 설계를 제안하는 일이 가능하다.

A4. 작은 집 설계가 재미있다고 생각한다. 작은 집은 항상 비용과의 싸움이고 비용을 줄이기 위해서는 어떤 시공자에게 어떤 일을 시킬 것인지까지 함께 생각하지 않으면 안 된다. 재료의 구입처나 업자와 직접 상담을 하면서 싸고 좋은 디자인을 찾아나간다. 이런 점에서 '작은 집 설계가 특기'라고 말할 수 있을 것 같다.

A5. 주택 설계를 할 때에는 여러 가지 제약, 조건에 답을 찾으면서 자유로운 발상으로 새로운 제안을 실행하는 과정이 소중하다. 제약이나 조건이 엄격할수록 발상이 풍부해지고 기대가 큰 집이 된다고 생각한다.

Part 2

작은 집에 효과적인 방배치에서 수납까지

낭비 없는 공간을 만드는 조닝, 효율적인 동선 계획, 다양한 종류의 창과 문, 넘치지도 부족하지도 않은 수납 계획 등 작은 집만을 위한 디테일한 평면을 살펴보자. 내가 구상한 평면과 건축가의 사례가 어떻게 다른지 비교해 보면 지금 살고 있는 집 정리에도 큰 도움을 줄 것이다.

방배치의 기본과 동선 계획

건물은 튼튼하고 오래가는 내구성과 쾌적한 삶을 지탱해 주는 설비면도 중요하지만 삶의 심지를 크게 좌우하는 것은 방배치라고 할 수 있다. 여기서 이상적인 삶을 만드는 계획의 비결을 공부하자.

011_ 어떤 삶을 살고 싶은지 고민하는 것이 제일 중요하다

가족의 생활 스타일에 따라 적합한 방배치가 각기 다르다. 계획을 할 때 생활패턴이나 기호를 재확인 해보자. 새로운 삶에서는 어떤 삶의 방식을 갖고 싶은지 서로 대화하자. 현재의 공간에서 생활할 때 불편한 점이 무엇인지 세심하게 조사하는 것도 좋은 방법이 될 것이다.

평면계획 때에 공간을 용도별로 분류하여 배치하는 일을 '조닝'이라고 한다. 2개 층의 건물이라면 1, 2층의 각 플로어의 어디에 어느 방을 배치할지, 각 방에는 어느 정도의 넓이가 필요할지를 머릿속에 그려보자. 조닝도는 새로운 삶의 방배치의 원안이 되기 때문에 ○나 □를 방에 비유하여 스케치로 미리 그려보자. 조닝에서는 쓸모없는 동선을 만들지 않도록 부엌의 옆에 거실·식당을 만드는 등, 관련성이 있는 공간을 가까이 배치하는 것이 기본이다. 생활소음이 전해져 지장을 주지 않도록 하고 상하층 방의 비율에도 주의를 기울인다. 또 공적 공간(거실·식당)에 사적인 동선이 가능한 한 들어가지 않도록 계획하는 것도 중요하다. 왜냐하면 아이방을 거치지 않으면 거실에서 세면실에 갈 수 없는 배치에서는 손님이 왔을 때 불편하다고 생각할 것이다.

방배치의 단계

1. 건폐율과 용적률 등을 조사하여 대지에 지을 수 있는 건물의 대략의 규모를 파악해 둔다.

2. 이상적인 삶을 가족끼리 얘기한다. 생활패턴을 재확인하고, 지금의 집에서 좋은 점과 나쁜 점, 살고 싶었던 삶의 방식 등을 리스트업한다. 주택잡지의 실례나 주택설비·건축재료 카탈로그도 이미지 만들기에 도움이 된다.

3. 대지의 볕이 드는 곳이나 바람의 방향, 전면도로의 통행량, 주위의 건물 등 대지의 입지조건을 파악. 대지와 주변의 사진을 찍어두면 조닝 때 참고가 된다.

4. 조닝에서는 우선 문과 차고, 건물, 정원을 어디에 배치할지를 생각한다. 그에 따라 현관의 위치가 거의 결정된다.

5. 집의 입지조건과 가족의 생활 스타일을 염두해 두면서 1, 2층에 어떤 공간을 만들 것인지 대략적인 조닝을 한다.

6. 각 방의 배치를 정한다. 방의 넓이나 다른 방이나 외부공간과의 연결, 채광·통풍, 1, 2층의 방의 관계가 적절한지 체크한다.

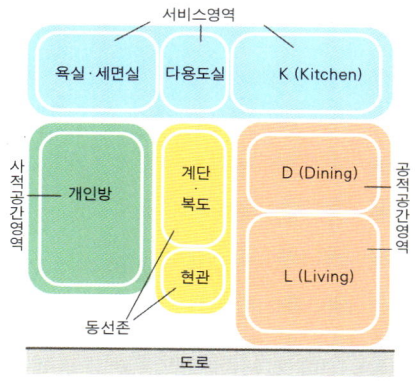

조닝도 – 조닝도는 방의 배치를 대략적으로 정해 놓은 것. 식당의 옆에 부엌이나 거실을 만드는 등 관련성이 있는 방을 옆에 배치하여 사적인 동선이 공적 공간을 가로지르지 않는 것이 이상적이다.

012_ 부드러운 동선을 이루는 순환식 평면

요즘 주목받는 '순환식'이라 불리는 방 배치는, 예를 들면 부엌→세면실→현관→거실·식당→부엌과 같이 동선이 순환하도록 되어 있어 한 바퀴 돌 수 있는 평면을 말한다. 두 방향의 동선이 있어서 처음으로 돌아가는 일 없이 목적한 장소로 이동할 수 있다. 멈춤이 없어서 아이들이 술래잡기를 할 수도 있고 널찍널찍한 생활이 된다. 이 플랜은 가족 모두가 잘 이용하는 물 쓰는 곳이나 현관 주변에 적용하면 편리하다. 예를 들어 아래 그림처럼 부엌 구석에 화장실에서 바로 현관으로 나갈 수 있도록 해두면 거실·식당을 지나는 것보다 동선이 부드럽다. 조리 중에 손님이 와도 바로 맞을 수 있다. 출입구는 열린 채로 두어도 방해되지 않는 미닫이문이 최적이다. 단, 순환식 플랜에는 방에 두 개의 출입구가 필요하다. 세면실이나 부엌 등의 좁은 방에서는 수납공간을 만드는 벽면이 부족할 수도 있다. 또 거실이나 식당의 가운데가 통로가 되는 배치는 피해야 한다. 담소나 TV를 즐기고 있을 때 눈앞이나 근처를 누군가 지나가면 대화나 집중력이 끊어져버리기 때문이다.

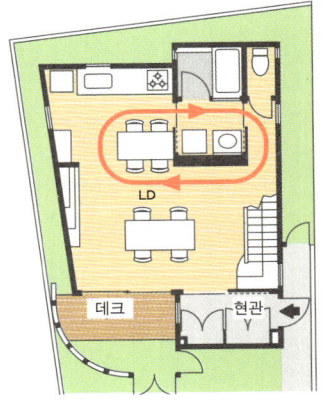

순환식 플랜 – 물 쓰는 곳을 일직선으로 나열하여 시공 효율이 좋은 배치이다. 부엌의 한쪽 옆에 화장실을 배치하고 칸막이로 미닫이를 사용. 문을 밀어 넣어두면 순환식 플랜이 되어 부드러운 동선을 실현한다. 부엌과 거실·식당의 사이는 롤스크린으로 칸막이하는 것도 가능하다.

013_ 2층으로 LDK를 올리는 계획에서는 출입이 쉽도록 해야 한다

작은 땅에서는 1층보다 빛과 바람을 끌어들이기 쉽고 프라이버시 확보 면에서도 장점이 많은 2층에 LDK를 배치하는 '역전플랜'을 종종 선택한다. 하지만 이런 집에서 자주 나오는 말이 '손님이 왔을 때 1층의 현관까지 내려오는 것이 귀찮다'라는 것이다. 또 계단의 위치에 따라서 다르지만 쓰레기 버리는 것도 1층에 부엌이 있는 집에 비해 시간이 더 걸리고 식료품 등을 사왔을 때에도 불편을 느낄 수밖에 없다.

여기서 제안하는 역전플랜의 방식은 외부계단을 달아 현관을 2층으로 두는 배치이다. 현관홀을 하나의 실로 하지 않고 거실로 끌어들인 오픈된 플랜이라면 공간을 낭비하지 않는다. 외부계단은 연면적에는 산입되지 않지만 현관까지 어프로치를 하기 위해 집의 진입에 어울리는 외관으로 할 필요가 있다. 또 계단을 두 군데 만들기 때문에 비용이 들지만 집에 머무는 시간이 긴 전업주부에게는 편리하다.

부엌이 2층인 배치에서는 쓰레기의 임시 보관장소로 부엌 옆에 서비스발코니를 두면 편리하다. 거실·식당 앞 발코니의 한쪽에 스크린으로 칸막이해서 쓰레기 두는 곳으로 해도 좋겠다.

각 방에 필요한 넓이의 기준

방배치에서는 각 방에 최소한으로 필요한 넓이를 파악해 두는 일이 중요하다. 만약 건폐율과 용적률이 엄격하여 충분한 바닥 면적이 무리한 경우 LDK를 원룸으로 하거나 1실을 다목적으로 이용하는 플랜 등을 검토해도 좋다.

- 거실 ─── 4~10평 정도
- 식당 ─── 2.25에서 4평 정도
- 부엌 ─── 1.5~3평 정도
- 주요실 ─── 3평~(더블침대 1대의 경우)
  4평~(싱글침대 2대의 경우)
- 옷방 ─── 1.5~2평
- 아이방 ─── 3평 정도
- 세면실 ─── 1.5평 정도
- 욕실 ─── 1평
- 화장실 ─── 0.5평
- 현관 ─── 1.5평 정도
- 계단 ─── 1평보다 작게

014_ 대지조건을 잘 살펴 최적의 창을 계획

창에는 '채광'과 '통풍'이라는 역할 이외에 거기서부터 외부로 시선이 확장하는 것으로 방 폭의 느낌이나 개방감을 주는 역할도 있다. 빛을 끌어들이는 가장 쉬운 방향은 남쪽의 열린 대지지만, 주택이 밀집한 지역에서는 곤란한 경우도 많을 것이다. 방배치에서는 '밝은 빛=남향의 큰 창'이라는 공식에 얽매이게 되면 좋지 않다. 또 앞에서 든 3가지 기능을 하나의 창에 바라지 않는 것도 중요하다. 남쪽에 옆집이 바로 붙어 있는 입지에서는 높은 측창이나 톱라이트에서 빛을 끌어들이고 통풍은 다른 창에서 얻는 방법도 있기 때문이다. 집을 지을 땅이 있다면 채광과 통풍이 가장 좋은 위치를 체크해 보자. 작은 집에서는 창을 넓게 연출하는 계획도 적극적으로 살려야 한다. 옆집의 정원수나 가까운 공원이 보이는 장소에 창을 만들면 자신의 집에는 정원이 없어도 녹음과 만날 수 있어 넓은 개방감을 맛볼 수 있을 것이다.

창 계획의 포인트

- 대지의 조건을 잘 확인하여 채광과 통풍이 가장 좋은 장소에 커다란 창을 두는 것이 효율적이다.
- 밀집된 지역에서는 옆집의 창의 정면이 우리집 창의 정면과 만나지 않도록 어긋나게 한다.
- 창의 높이나 사이즈, 종류에 따라 빛을 들이는 방법도 다르다. 공간에 맞게 고른다.
- 바람의 입구와 출구를 고려해서 창을 배치한다.
- 한 방에 두면이상의 창을 만드는 것이 이상적으로, 창이 1개인 방은 실내 창을 두면 좋다.
- 단열을 위해 이중 이상의 샷시를 사용하고 창의 잠금장치는 방범 측면을 고려해야 한다.

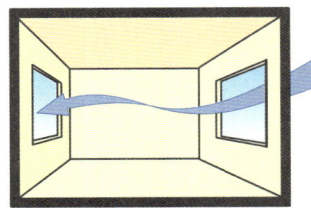 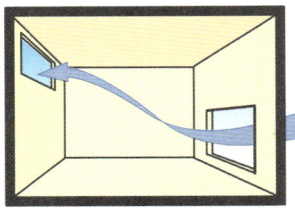

◀◀ 큰 창이 있어도 한쪽 뿐이면 바람이 빠지기 힘들다. 대면하는 위치에 창을 만들면 바람이 통하기 쉽다. ◀ 창을 상하로 만들면 바람 길이 길어져, 보다 환기가 좋다. 바람의 출구를 상부에 두면 열기가 자연스레 배출된다.

015_ 바람의 입구와 출구에 창을 두어 신선한 바람이 통하도록

건물의 환기가 나쁘면 습기가 쌓이고 건물에 사는 사람의 건강에도 좋지 않다. 통풍을 좋게 한다는 것은 바람의 입구와 출구가 되는 위치에 창을 두어 집 전체에 공기를 흐르게 한다는 뜻이다. 큰 창이 있어도 막혀 있는 작은 길에서는 바람이 빠져나가기 힘들기 때문에 남·북이든 남동·북서든 마주하는 벽에 창을 설치한다. 3면의 벽에 창을 두면 바람의 방향에 영향 받지 않고 통풍이 된다. 풍상과 풍하에 창이 있으면 설령 작은 크기라도 바람이 빠져나간다.

창이 2면 이상의 벽에 있으면 햇빛이 들어오는 시간이 길어져 채광 면에서도 이점이 있다. 하지만 창을 한 면밖에 만들 수 없고 두 방향의 벽이 복도나 보이드에 면해 있는 방이면 실내 창을 두어 바람을 보내는 방법도 있다. 문의 윗부분에 개폐식의 고창을 두든지 열어두어도 방해가 되지 않는 미닫이문으로 하는 방법도 통풍에 효과적이다.

환기에 적합한 창

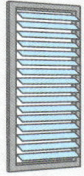
글라스 루버창
환기량을 조절하기 쉽고 여는 각도가 작으면 밖에서 잘 보이지 않는다. 기밀성과 수밀성이 다소 떨어진다.

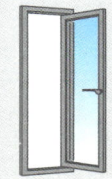
당기는 창
전부 열어도 밖에서는 보이지 않지만 창을 안쪽으로 열기 때문에 내부공간이 좁아지는 단점이 있다.

세로여닫이창
여는 각도가 작으면 외부의 시선이 차단된다. 단, 열린 각도에서 시선이 대각선으로 들어오기 때문에 설치장소에 맞추어 경첩의 위치를 선택하면 좋다.

미늘창, 들창
열린 각도를 조절할 수 있어서 작은 각도에서는 밖에서 안이 잘 보이지 않는다. 보통 1장짜리 얇은 창으로 화장실 등 환기가 많이 필요한 장소에 많이 쓴다.

여름에 바람이 지날 수 있도록 침실에는 높은 위치에 작은 창을 설치. 무더운 밤에도 에어컨에 의지하지 않을 수 있다.

1 남쪽에 옆집이 바로 붙어 있기 때문에 바닥까지 내려오는 창으로는 충분한 채광을 얻기 힘든 조건이었다. 높은 측창을 더하여 빛이 넘치는 식당으로 계획.
2 약 15평의 좁은 땅에 들어선 3층 주택. 2층과 3층은 남북면을 큰 개구부로 하여 빛과 바람을 충분히 확보했다.

016_ 빛을 훌륭히 끌어들이는 데는 창의 높이가 포인트

채광·통풍을 위한 창은 인테리어나 외관에도 큰 영향을 미친다. 방위나 프라이버시 확보, 가구의 배치, 외관 디자인 등 종합적으로 판단하여 계획하는 것이 중요하다. 이전에는 미서기창이 주류였지만 최근에는 종류가 다양하기 때문에 목적에 맞는 창을 사용하는 것이 포인트다. 또 창은 높이에 따라 빛이 퍼지는 양이 달라지기 때문에 크기만큼 높이도 중요하다.

천장 가까이 낸 창을 높은 측창이라고 말하고, 도로 면이나 옆집이 붙어 있는 경우에 최적이다. 밖에서 들여다보이는 걱정이 없고 옆집의 큰 창이 있어도 서로 시선이 닿지 않아서 프라이버시를 지킬 수 있다. 바닥면 가까이에 낸 낮은 측창도 똑같이 밖에서의 시선은 차단하면서 통풍과 채광을 확보할 수 있다. 채광이 어려운 밀

환기에 적합한 창

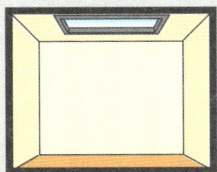

톱라이트
천장에 내는 창으로 사이드 라이트의 3배의 빛을 얻을 수 있다. 개폐식으로 하거나 블라인드를 달면 좋다. 북측의 계단이나 현관의 채광에도 좋다.

높은 측창
천장 가까이 단 창. 밖에서 시선이 들어오기 어려워 프라이버시 확보에 도움이 된다. 벽과 천장에 반사된 빛이 들어오기 때문에 부드럽고 안정된 빛을 얻을 수 있다.

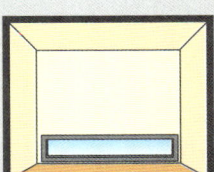

낮은 측창
바닥면 가까이 낸 창. 직사광선이 들어오지 않아서 열을 막으면서 부드러운 빛과 바람을 끌어들인다. 도로 쪽의 방이나 현관, 다다미방, 화장실 등에 주로 사용한다.

거실 창(테라스 창)
테라스나 데크 등 집안과 외부공간 사이에 출입하는 장소에 바닥의 단차가 적고 큰개구부를 만든다. 문은 여닫이문(프랑스창)이나 전부 열 수 있는 폴딩도어 등이 있다.

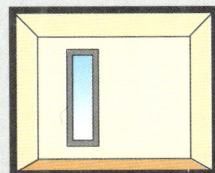

가로로 긴 창
폭이 넓은 창은 개방감이 있다. 창을 높은 위치에 낼수록 방이 균일하게 밝아진다.

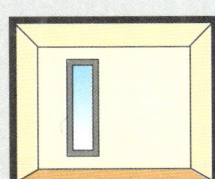

세로로 긴 창
면적이 같으면 가로창보다 세로창인 편이 방의 안쪽까지 빛이 들어온다.

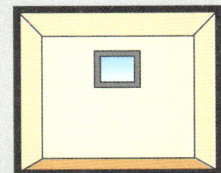

작은 창
외부에서의 시선을 막으면서 채광과 통풍이 가능하다. 여러 개를 비례가 좋게 배치하면 외관과 인테리어의 포인트가 되기도 한다.

집지에서는 톱라이트 또는 중정을 감싸는 배치로 집의 구석구석에 빛과 바람을 끌어들이는 방법이 있다.

창은 높은 위치에 있을수록 채광량이 많아진다. 또 같은 면적의 창이라면 세로로 긴 편이 가로로 긴 것보다 방의 구석까지 빛이 들어온다. 바닥까지 내려오는 창이나 테라스 창도 내려오는 벽을 없애고 천장까지 높이면 밝은 햇빛이 충분히 들어오고 환기에도 유리하다.

017_ +α 의 공간이 작은 주택의 수납부족 문제를 해결

대지가 좁고, 바닥면적도 좁은 집에서는 벽장 등의 수납고에 충분한 넓이를 줄 수가 없다. 마당을 둘 공간이 없으니 창고를 설치할 수 없는 상황도 있다. 그런 경우라면 통상적으로 지붕 밑 공간을 활용하는 방안을 추천한다. 최근에는 거실·식당 등에 보이드를 두고 상부에 지붕 밑 공간을 만드는 플랜도 많이 보인다. 다락방은 천장의 가장 높은 곳이 1.8m 이하로 바닥 난방을 따로 하지 않는다는 조건이 있다. 그래야 등기 면적에 포함되지 않는다.

단, 실을 구획할 수 없다. 지붕 밑은 여유 있는 공간이기는 하지만 무거운 물건을 빼고 넣기는 불편할 수도 있다.

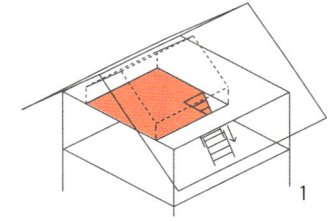

1 천장의 가장 높은 부분이 1.8m 미만이며 바닥 난방을 하지 않는다는 것이 연면적에 포함되지 않는 조건이다. **2** 2층 식당·주방 위의 다락은 환기가 가능한 개폐식 톱라이트를 설치했다.

018_ [지하실] 층이 하나 더 늘면 주거 공간을 넓게 쓸 수 있다

우리나라의 경우에는 지하실 크기에 관한 제한이 없다. 예를 들어 땅이 100평이면 100%를 지하실로 팔 수 있다. 지하실을 수납이나 악기 연습실 등으로 쓴다면 창은 불필요하지만 환기설비가 필요한 점, 불을 사용하지 않는 점 등의 제한이 있다. 거실로 할 경우는 환기나 채광을 위해 일정면적의 드라이 에어리어를 만들 필요가 있다. 천장면이 지상에 나오는 반지하실은 채광이나 환기를 위해 일정면적의 창을 두면 거실로서 인정된다.

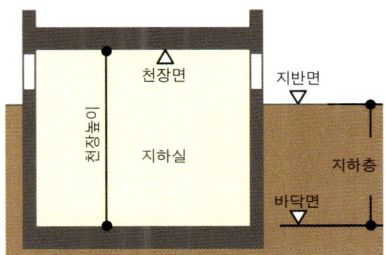

건축법에서 지하실이란 바닥이 지반면보다 아래에 있고 바닥면에서 지반면까지의 높이가 천장높이의 2분의 1 이상인 것을 말한다.

건폐율, 용적률이 엄격한 좁은 땅이지만 지하실을 두는 것으로 충분한 바닥면적을 확보, 반지하구조여서 비용도 절약할 수 있었다.

019_ [돌출창] 방이 넓어지고 작은 장식선반으로도

좁은 방을 조금이라도 넓게 보이고 싶다면 돌출창을 추천한다. 거실·식당이나 침실뿐 아니라 욕실에도 추천한다. 보통의 창과 달리 외부로 돌출되어서 실내가 넓어지는 효과가 생긴다. 낮은 선반을 두는 공간이 없는 작은 거실에서는 돌출창을 소품의 디스플레이 공간으로 해도 좋다. 부엌의 싱크 앞에 설치하면 보조카운터로 쓸 수도 있다. 좁은 땅에서는 돌출창의 깊이를 얇게 하는 등의 궁리를 해볼 수 있다.
우리나라에서는 돌출창에 대한 법규가 아직 없다. 때문에 이 부분에 관한 논쟁이 있는데, 현재까지는 돌출창은 모두 서비스 면적에 해당된다.

좁은 땅이기 때문에 지하실이나 다락 등의 완화 규정을 이용. 사진에 보이는 현관은 바닥면적에 산입되지 않는 범위 내에서 돌출창을 설치한 모습이다.

020_ [차고] 좁은 대지에 추천하는 빌트인 차고

우리나라에서는 필로티의 경우 차고는 어떤 크기라도 연면적에 산입되지 않고 벽을 막은 차고는 크기에 상관없이 100% 연면적에 산입된다.

021_ [발코니] 화단을 두어 마당대신으로. 건조공간으로도 유용

발코니는 건축면적에 산입되며 건폐율에도 영향을 미친다. 그러나 차양은 제외된다. 쉽게 말해 사람이 딛고 사용할 수 있는 부분은 건축면적에 산입되는 것이다.

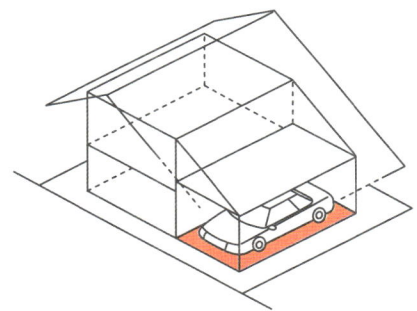

그림과 같은 경우 벽의 유무와 상관없이 건축면적에는 산입된다.

좁게 느껴지지 않는 디자인 아이디어

'작은 집이니까 어느정도의 불편은 감수해야 돼'라고 생각하십니까? 평면을 고민하면 작아도 쾌적한 삶이 가능하다. 실제 사례 중에서 프로들만의 '넓게 살고 넓게 보이는 아이디어'를 모았다.

022_ LDK는 칸막이를 줄여 열린 공간으로 둔다

'오픈플랜'이란 방과 방 사이의 칸막이벽이나 문을 줄이고 큰 공간을 만든 평면을 말한다. 사적인 방의 칸막이를 없애는 것은 꽤 어려운 일이지만 거실이나 식당, 부엌 등 공적인 공간이면 가능하다. 각각 3평씩을 할애하는 것보다 세 기능을 하나의 방에 모으면 7.5~9평 크기가 되어, 공간의 풍부함을 맛볼 수 있다. 가족의 모습이 보이고 목소리가 들려 대화도 늘어난다.

가 족 구 성	부부 + 아이 2명
대 지 면 적	103.69m² (31.37평)
건 축 면 적	46.37m² (14.03평)
연 면 적	92.74m² (28.05평)
	1F 46.37m² + 2F 46.37m²
구 조 / 공 법	목조 2층

1

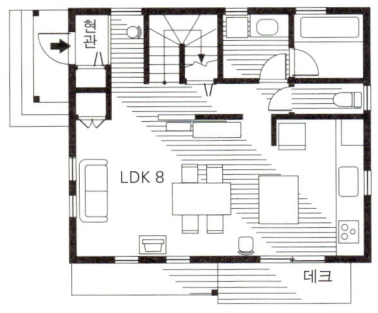

| 1F

| 2F

1 대지는 차고까지 철근콘크리트 구조로 시공이 되어 있는 상태에서 구입해 그대로 활용하고 그 위에 목구조로 집을 시공했다. 계단을 올라가면 바로 현관이다. 주변의 마당과 데크는 목재 펜스로 둘러 안락함이 있는 분위기를 살렸다. **2, 3** LDK를 적당한 거리로 나열한 오픈플랜. 부엌의 벽과 조리대는 하얀 타일로 마감했다. 계획 단계에서부터 소품을 꾸미는 선반을 생각하여 거실의 코너에 디스플레이 선반을 만들었다.

111

내부와 마당을 연결하다

남쪽에서 집 전체로 빛을 들이고 마당과 연결되는 건물을 계획했다. 1층은 개인방과 물 쓰는 곳, 2층은 전망이 좋은 곳에 LDK를 배치했다. 건물의 전체 크기는 작지만 마당을 연결해 무척 넓은 느낌을 준다. LDK를 시작으로 모든 방의 내장을 하얗게 마감한 것도 넓어 보이는 포인트가 되었다.

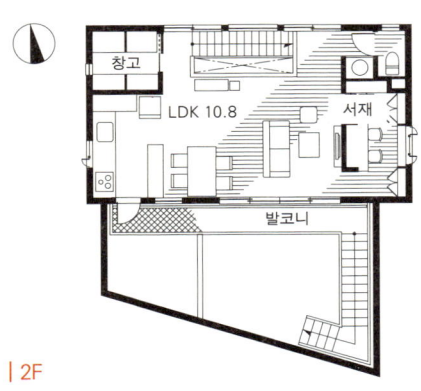

| 2F

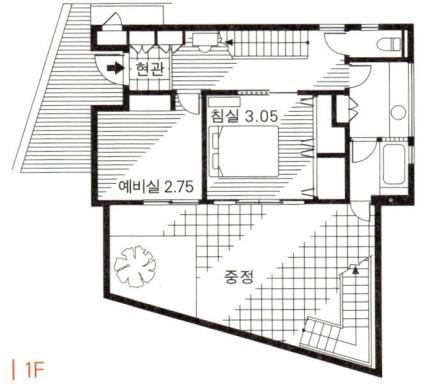

| 1F

가 족 구 성	부부
대 지 면 적	141.37㎡ (42.76평)
건 축 면 적	45.54㎡ (13.78평)
연 면 적	88.07㎡ (26.64평)
	1F 43.88㎡ + 2F 44.19㎡
구 조 / 공 법	목조 2층/ 기둥보공법

1 그리스 섬들의 하얀 집들을 모델로 외관을 마감했다. 도로와 대지를 아름다운 계단으로 연결하고 현관문의 안쪽 컬러는 에게해 블루로 마감했다. **2, 3** 전체적으로 화이트톤의 인테리어에 키가 낮은 가구로 정리해 개방감을 높였다.

023_ 오픈플랜은 공적 공간과 사적 공간 구분에 주의하자

칸막이가 적은 오픈플랜은 내부의 동선이 합리적이기는 하지만 주의해야 할 점이 있는데, 공적 공간과 사적인 동선이 서로 간섭하지 않도록 하는 것이다. 예를 들어 거실·식당에 손님이 있는 경우, 집에 있는 가족이 거실을 지나지 않으면 욕실이나 세면실에 갈 수 없는 방배치에서는 가족도 손님도 불편할 수 있다.

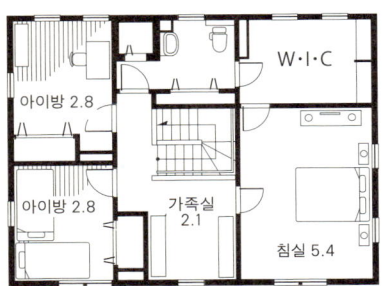

| 2F

| 1F

가 족 구 성	부부 + 아이 2명
대 지 면 적	198.45m² (60.03평)
건 축 면 적	71.41m² (21.00평)
연 면 적	142.82m² (26.64평)
	1F 71.41m² + 2F 71.41m²
구 조 / 공 법	목조 2층

누구도 불편함이 없는 순환식 평면계획

현관에서 가까운 건물 중앙에 계단을 두고, 그 주변에 LDK 등의 공적 공간과 물 쓰는 곳을 배치한 순환식 평면. 사적인 방이 있는 2층으로 거실과 식당을 지나지 않고 갈 수 있다. 또 학교에서 돌아온 아이들이 다른 공간을 거치지 않고 직접 부엌으로 갈 수도 있다. 2층에 가족만을 위한 화장실이 있는 것도 편리하다.

1 미국 교외에서 흔히 볼 수 있는 타입의 목조주택. 도로에서 보이는 면은 전부 창이 좌우대칭으로 설계되었다. 방배치와 인테리어는 3년간의 미국생활을 기본으로 정했다고 한다. 2 내려오는 벽을 부드럽게 하여 조닝 - LDK가 남쪽에 면한 가장 좋은 플랜. 거실과 식당·부엌의 사이에 아치형의 벽을 두어 시각적으로 공간을 구분하고 있다. 식탁 왼쪽의 복도가 순환식 평면을 위한 별도 동선이다.

수직 계단을 중심으로 공적 공간과 사적 공간 구분

폭이 4m가 채 안 되는 남북으로 좁고 긴 대지이다. 피아노 교실을 운영해서 사람의 출입이 많아 반드시 사적인 공간과 공적인 공간을 나누어야 하는 상황. 중정을 끼는 것으로 계단을 두 군데 두어 남쪽은 공적 공간, 북쪽은 사적 공간으로 구분하고, 위아래층 간에 순환식 동선을 계획했다. 2층 바닥의 3분의 2는 좁고 긴 LDK이지만 보이드를 만들어 개방적인 공간을 연출했다.

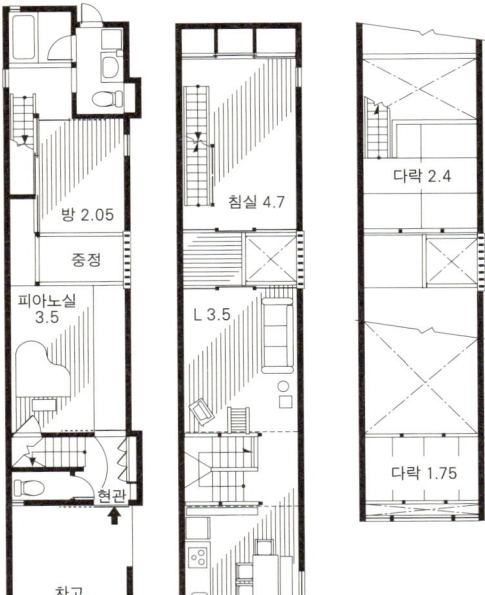

| 1F | 2F | LF |

가 족 구 성	부부 + 아이 2명
대 지 면 적	92.99m² (28.13평)
건 축 면 적	53.73m² (16.25평)
연 면 적	115.37m² (34.90평)
구 조 / 공 법	목조 2층 / 기둥보공법

1 양쪽이 옆집에 낀 주택 밀집지역. 외관은 갈바륨 동판을 붙인 딱딱한 디자인이지만 2층 난간을 붉은색 페인트로 마감해 친근하면서도 산뜻한 인상을 준다. 현관은 주차공간의 안쪽 오른편에 있고 주차가 되어 있을 때에도 간섭 없이 열고 닫을 수 있도록 미닫이문으로 계획했다. **2** 계단을 끼고 거실과 식당·부엌을 구분한다. 바로 앞이 식당·부엌, 안쪽이 거실. 좁고 긴 건물의 중앙에도 빛을 들이기 위해 슬릿한 형태의 보이드를 두었다. **3** 건물 북쪽의 영역은 가족들의 사적인 공간이므로 간섭 없이 드나들기 위해 별도의 계단을 만들었다. 칸막이는 폴리카보네이트 복층판으로 빛을 유입시키면서 시선은 가려줄 수 있는 재료이다.

024_ 밀도가 높은 지역에서는 중정을 계획해 보자

마당을 만드는 방법에도 여러 가지가 있지만 밀도가 높은 지역의 작은 땅에서는 건물 중앙에 두는 중정이 효과적이다. 외부에서 보이지 않는 장소에 커다란 개구부를 두어 시선을 신경 쓰지 않고 빛과 바람을 끌어들일 수 있기 때문이다. 또 밖으로는 닫히고 안으로 열린 구조로 외부와 실내의 관계가 생겨 공간이 넓어 보인다.

DATA

가 족 구 성	부부 + 아이 1명
대 지 면 적	100.13㎡ (30.29평)
건 축 면 적	39.69㎡ (12.01평)
연 면 적	76.59㎡ (23.28평)
구조 / 공법	목조 2층/ 목조재래공법

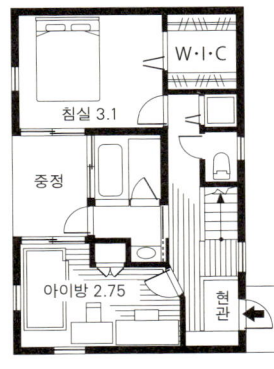

| 1F

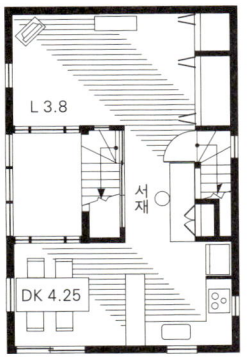

| 2F

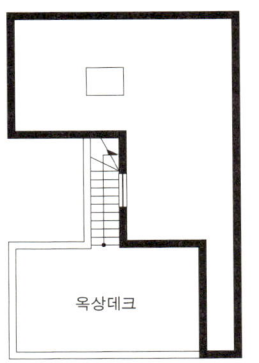

| LF

중정을 통해 1층 깊은 곳까지 은은한 빛이 들어오는 집

주택이 빼곡히 들어선 동네의 깃대모양 땅이어서 가능한 건축면적이 12.01평에 불과했다. 가운데 서쪽으로 약간 치우친 중정을 두어 건물을 ㄷ자형으로 배치했다. 2층은 거실과 식당·부엌을 칸막이 없이 배치해서 중정으로부터의 빛이 안쪽까지 닿는다. 1층은 욕실을 중정에 면하게 배치, 녹음을 보면서 목욕을 즐길 수 있다.

1 심플한 외관에 매치한 식재 디자인은 전문가에게 설계를 의뢰한 것. 깃대모양 부지는 건물의 배치에 따라 안정된 분위기를 연출하기 좋다. 2 식당·부엌(왼쪽)과 거실(오른쪽)은 중정을 끼고 서로 마주보고 있다. 중앙의 바닥까지 이어진 창밖으로 지붕 발코니로 이어지는 계단을 배치했다. 3 어느 방에서도 중정에 심어 놓은 낙엽수를 통해 계절의 흐름을 즐길 수 있다.

중정과 데크를 활용하여 모서리 땅의 단점을 극복

2층 중앙에 널찍한 데크를 두어 북쪽의 식당·부엌에도 빛이 닿도록 계획한 집. 거기다 데크에 면한 창은 전부 바닥까지 내려 방의 연장처럼 쓸 수 있다. 2층에서 돌출된 데크로 인해 1층은 다소 어둡지만 오히려 역이용해 안정된 분위기로 통일했다.

가 족 구 성	부부 + 아이 2명
대 지 면 적	153.23㎡ (46.35평)
건 축 면 적	53.82㎡ (16.28평)
연 면 적	103.92㎡ (31.44평)
	1F 53.82㎡ + 2F 50.10㎡
구 조 / 공 법	목조 2층 / 목조재래공법

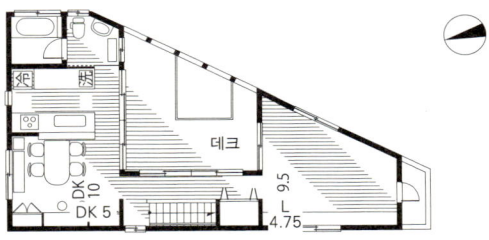

| 2F

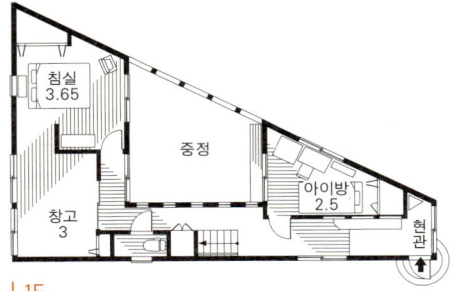

| 1F

1 중정에 하얀 돌을 깔아 간접광을 실내까지 끌어들일 수 있다. **2** 1층은 바라보는 공간으로 디자인한 일본식 중정, 2층은 데크를 내어 나갈 수 있다. 데크에 면한 창은 칸막이가 없는 발코니창으로 식당·부엌에서 데크를 끼고 거실을 건너볼 수 있다.

025_ 데크와 방의 바닥 레벨을 맞춘다

데크나 테라스를 거실의 연장으로 보이게 하기 위해서는 방과 데크의 바닥 단차를 없애는 것이 포인트. 바닥 레벨을 맞춰 안과 밖이 이어진 것처럼 보여 보다 넓게 느껴진다. 빗물 등이 걱정되지만 바닥과의 단차가 적은 타입이나 확실히 처리할 수 있는 샷시가 있으니 건축가에게 요구하면 된다.

1 안쪽에서의 루버창호는 벽과 같은 흰색 페인트로 마감. 실내와 바닥레벨을 맞추어 데크는 방의 일부와 같은 느낌이다. **2** 벽 가득 낸 개구부에서 밝은 빛과 기분 좋은 바람이 들어온다. - 데크의 바닥은 스틸그레이팅. 층 아래는 테라스로 되어 있다.

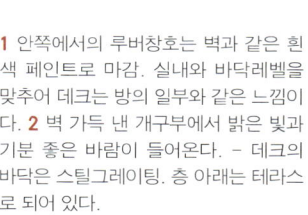

026_ 지하실로 부족한 면적을 확보

대지가 좁고 바닥면적을 확보할 수 없을 때는 건축법의 '완화규정' 조항을 활용할 수 있다. 일정 조건이 갖추어지면 지하실이나 지붕 밑 다락, 돌출창 등이 용적률(대지면적에 대한 연면적의 비율)에 산입되지 않는다는 것이다.

지하실은 채광과 환기 등에서 지상층보다 다소 불리하지만 외부 소음의 영향을 덜 받고 안정된 분위기를 가질 수 있는 등 여러 가지 장점이 있다. 또 높이제한 등으로 3층 건물로 계획이 어려운 경우에도 매우 유용하다. 지하실에는 지반면보다 천장을 올린 반지하와 완전지하가 있는데 비용문제, 통풍, 채광, 우수의 처리 등을 생각하면 반지하를 추천한다.

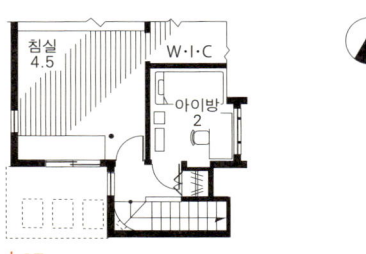
| 2F

| 1F

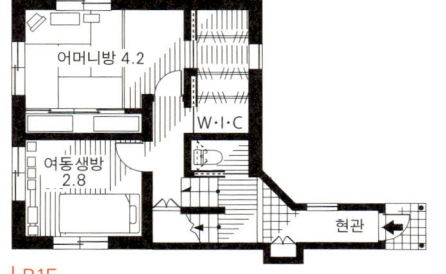
| B1F

가 족 구 성	부부 + 어머니 + 여동생 + 아이 1명
대 지 면 적	75.96㎡ (23.00평)
건 축 면 적	43.36㎡ (13.12평)
연 면 적	110.44㎡ (33.42평)
	B1F 37.73㎡+ 1F 41.36㎡+ 2F 31.35㎡
구 조 / 공 법	지하 철근콘크리트 구조 + 목조 2층

지하실과 톱라이트

23평의 깃대모양 부지에 계획된 반지하가 있는 2층 집이다. 북측사선제한이 엄격한 주택 밀집지역이라서 3층보다 지하실을 만드는 편이 널찍하게 살 수 있다고 판단했다. 3개 층으로 여유 있는 LDK와 4개의 개인방을 확보하고, 거실·식당의 일부에 톱라이트를 내 개방감 있는 공간을 연출했다.

2

3

4

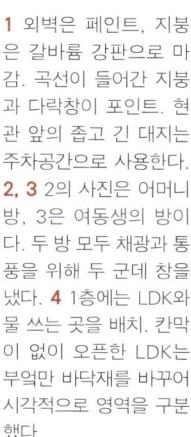

1 외벽은 페인트, 지붕은 갈바륨 강판으로 마감. 곡선이 들어간 지붕과 다락창이 포인트. 현관 앞의 좁고 긴 대지는 주차공간으로 사용한다. **2, 3** 2의 사진은 어머니 방, 3은 여동생의 방이다. 두 방 모두 채광과 통풍을 위해 두 군데 창을 냈다. **4** 1층에는 LDK와 물 쓰는 곳을 배치. 칸막이 없이 오픈한 LDK는 부엌만 바닥재를 바꾸어 시각적으로 영역을 구분했다.

건폐율 40%, 30평의 땅

주어진 땅의 면적이 약 30평, 여기에 건폐율이 40%에 불과하여 두개 층으로는 LDK, 개인방 3개와 차고라는 요구까지 해결하기가 어려운 상황이었다. 해결책으로 지하를 만들고, 다락을 더해 약 30평의 면적을 확보할 수 있었다. 여기에 스킵플로어와 중정 등의 디자인을 잘 활용하여 작은 땅이지만 쓸모 있는 집을 지을 수 있었다.

가 족 구 성	부부 + 아이 1명
대 지 면 적	100.16㎡ (30.30평)
건 축 면 적	40.06㎡ (12.12평)
연 면 적	97.04㎡ (29.35평)
	B1F 22.04㎡ + 1F 40.06㎡ + 2F 34.94㎡
구 조 / 공 법	지하 철근콘크리트 구조 + 목조 2층

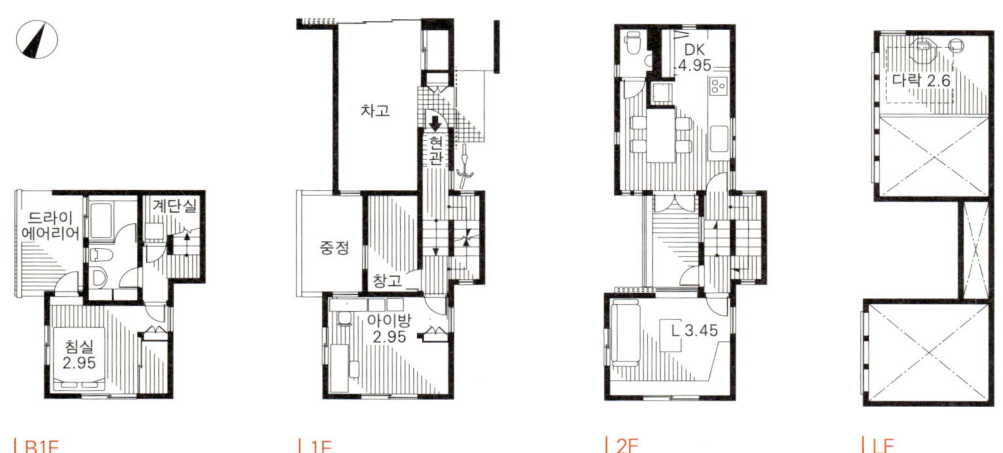

| B1F | 1F | 2F | LF |

1 목재문의 안쪽이 차고, 건물 전면도 주차공간이고 현관은 왼쪽 끝이다. 건폐율이 40%인 땅이라 건축면적이 12평에 불과한 작은 집이지만 넓게 살기 위한 궁리를 여기저기서 볼 수 있다. **2** 보이드 효과로 좁게 느껴지지 않는 LDK – 식당·부엌은 2층, 거실은 스킵플로어로 2.5층에 만들었다. 사적 공간과 공적 공간, 또는 식후 쉬는 장소로 사용이 구분되는 것이 장점이다. **3** 지하에는 욕조와 세면실, 침실을 배치했다. 욕실의 창 밖으로는 드라이에어리어를 설치하여 안정되고 기분 좋은 공간이 되었다. **4** 두 군데의 창으로 채광을 확보한 지하의 침실, 대지의 남쪽 도로에서 가장 안쪽의 반지하로 정말 조용하다.

027_ 다락을 활용하자

지붕 밑 공간으로 불리는 것이 다락이다. 일정조건을 충족하면 연면적에 포함되지 않아, 건축면적이 작은 집에서 공간 활용도를 높이기 위해서는 다락을 만들 것을 추천한다. 최상층의 지붕 밑 부분을 이용하면 작은 방 하나만큼의 넓이가 실질적으로 더해지게 된다. 철지난 물건들 수납이나 아이들 놀이방 등 의외로 활용도가 높다.

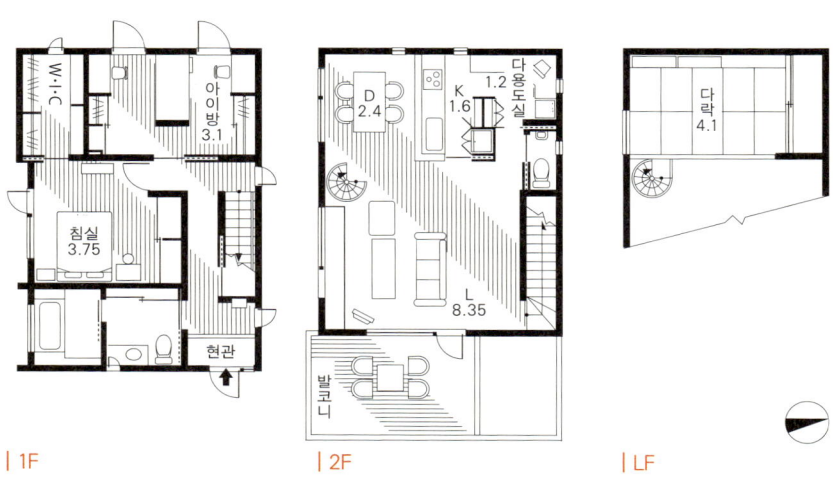

| 1F　　　　　　　　　　| 2F　　　　　　　　　　| LF

1, 2 나선계단으로 이어지는 다락과 거실 - 2층에 LDK를 계획하고 서쪽의 식당 위에 다락을 만들었다. 나선형 계단은 공간의 포인트 역할도 한다. 다락에는 빛 유입과 통풍을 위한 작은 창을 설치했다.

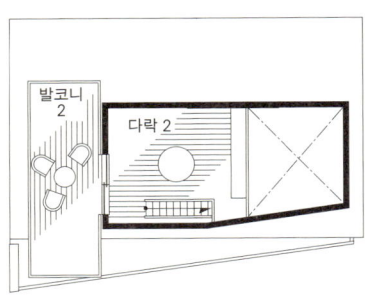

| 3F

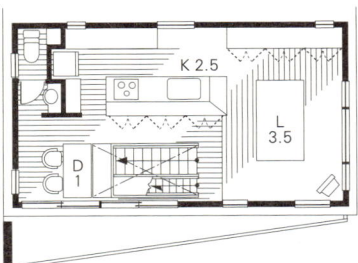

| 2F

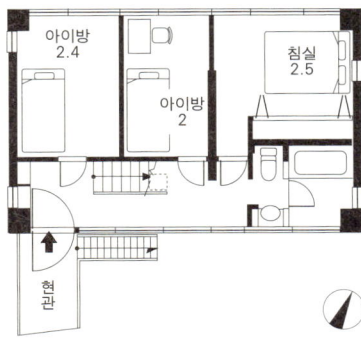

| 1F

1, 2 다락과 발코니를 동시에 즐긴다 – 총 3층의 건물에 다락을 더한 계획이다. 부엌 바로 위에 다락을 두어 개방적인 거실이 되었다. 주목할 점은 다락에서 외부로 출입할 수 있는 발코니를 둔 것. 이 발코니는 빨래를 말리는 용도 이외에 여름날 저녁 휴식에도 자주 이용한다고 한다.

028_ 마당을 둘 여유가 없을 때에는 옥상을 활용

데크나 발코니 등 옥외 거실로서 사용하는 공간이 인기인데 옥상도 그중 하나이다. 주택 밀집지역 등 마당을 만들 여유가 없는 집에서 자주 눈에 띈다. 테이블과 의자를 둔 카페풍으로 하는 것도 좋고 옥상정원도 추천한다. 또 옥상으로 가는 계단은 위에서 빛을 끌어들이거나 바람이 통하는 길이 되는 효과도 있다.

| 1F | 2F | 3F

1 계단의 칸막이를 투명유리로 하여 2층의 복도나 거실에도 빛이 풍부하게 들어온다. **2** 철근콘크리트 구조의 2층 건물에 지붕의 반을 다목적으로 사용할 수 있는 옥상 테라스로 계획했다. 날씨가 좋은 날은 이곳에서 차를 즐긴다. 의자 뒷편으로 보이는 옆으로 긴 창은 2층 거실의 높은 측창이다.

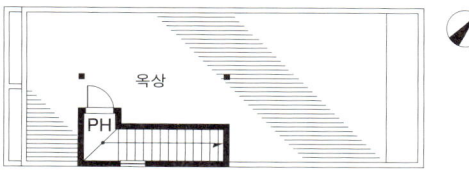
| LF

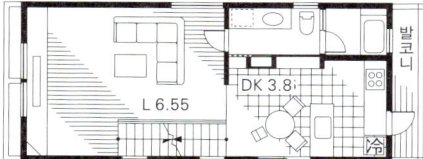
| 2F

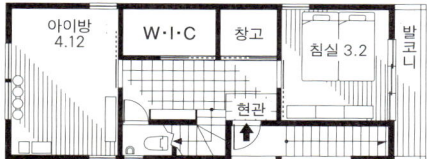
| 1F

1

1 옥상에 데크재를 깔아 편안한 공간으로 연출했다. 옥상테라스는 계단 아래의 층과 같이 약 45㎡의 넓이이다. 세운 벽에는 데크재와 같은 목재를 붙여서 리조트 같은 분위기가 느껴진다. 추후 어닝을 달아 사계절 활용이 가능한 공간으로 하고 싶다고 한다. **2** 옥상으로 가는 계단. 2층 거실에도 위로부터 빛이 닿을 수 있도록 골조 계단으로 하였다.

2

029_ 보이드 공간을 활용한다

윗층의 바닥을 일부 없애 상하로 연속되는 공간을 보이드(void)라고 한다. 평면이 좁은 경우에도 보이드를 만들면 공간이 넓게 느껴지는 장점이 있다. 또 보이드의 상부에 톱라이트나 높은 측창을 설치하면 주택이 밀집된 지역에서도 채광이 확보되고 개방적인 공간이 된다. 가족의 기척이 느껴지기 쉬우므로 어린 아이가 있는 집에서도 좋다.

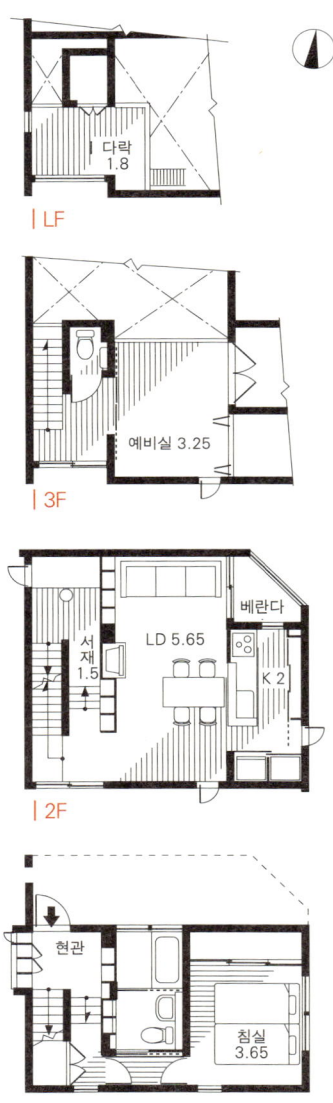

| 2F

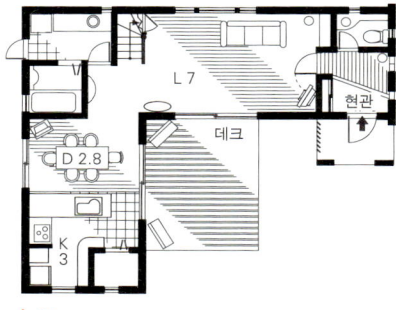

| 1F

1 거실의 일부를 보이드로 – 모노톤의 멋진 인테리어로 정리된 거실과 식당. 5.65평은 결코 넓지 않지만 소파 위를 보이드로 하여 소파에 앉았을 때 위로 넓어지는 느낌을 얻을 수 있다. **2, 3** 1층 거실에 두 군데의 보이드 – 한군데는 창 쪽으로 다른 한군데는 벽 쪽으로 있다. 창 측에도 벽 측에도 높은 측창으로 빛이 들어오고 두 군데의 보이드로 실제 이상의 넓이를 느낄 수 있다.

030_ 식당은 부엌의 일부로 계획한다

작은 집에서는 부엌과 식당을 일체로 한 스타일을 권한다. 각각을 독립시키는 것보다 공간이 절약되고, 요리하면서 가족과의 대화도 즐길 수 있다. 또 부엌과 식당의 칸막이벽을 없애면 비용도 절약할 수 있다.

1

2

3

1 복고풍 부엌에 맞추어 선택한 둥근 테이블 - L자형으로 만든 부엌의 중심에 식탁을 두었다. 둥근 테이블은 좁은 공간에서도 동선을 부드럽게 만들어준다. **2** 좁고 긴 공간에 나열한 부엌과 식탁 - 가족은 물론 친구도 모이는 떠들썩한 부엌으로 만들고 싶어 큰 식탁을 부엌의 한가운데 두었다. **3** 8.25평의 LDK의 3분의 2가 식당과 부엌 - 조리대와 식탁을 연속으로 하고 벽 쪽의 수납도 높이를 맞추었다. 튀어나온 부분이 없어 공간이 넓어 보인다.

031_ 스킵플로어로 공간을 잇다

일반적인 건물에서는 층별로 바닥이 나뉘어 포개져 있는 것이 보통이다. 이 경우와 비교해 바닥레벨을 반개층씩 어긋나게 배치한 플랜을 스킵플로어라고 한다. 즉 1층에서 반층 올라가 1.5층, 반층 더 올라가 2층, 반층 더 올라가 2.5층… 이런 식으로 반층별로 여유 있게 연결되는 구조이다. 단차가 방의 일부처럼 보여 시선이 대각선 상하로 확장되기 때문에 좀더 넓어 보이는 효과가 있다. 또 계단 주변에 방을 배치하면 쓸데없는 동선이 없어지고 복도가 적어지는 만큼 거실을 넓게 쓸 수 있다. 경사지를 활용할 때에도 추천한다.

지하와 차고 부분은 철근콘크리트 구조, 나머지 부분은 목조. 2층 외벽은 유지보수가 좋은 갈바륨 동판으로 마감했다. 셔터 부분은 차고.

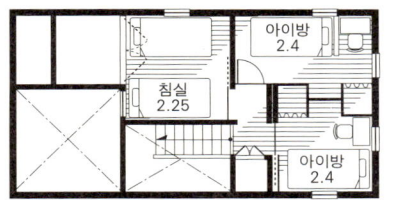

| 3F

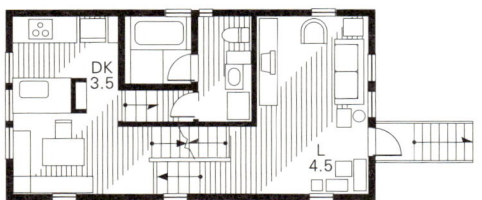

| 2F

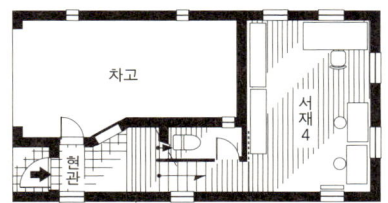

| 1F

가 족 구 성	부부 + 아이 2명
대 지 면 적	80.25㎡ (24.28평)
건 축 면 적	39.82㎡ (12.05평)
연 면 적	79.90㎡ (24.17평)
	B1F 18.76㎡ + 1F 30.30㎡ + 2F 30.84㎡
구 조 / 공 법	지하 철근콘크리트 구조 + 목조 2층

1, 2 아래 사진(2)은 현관에서 1.5층의 거실을 본 모습. 위 사진(1)은 거실에서 본 식당. 각방의 냉난방 효율을 올리고 싶은 경우 문을 달아 칸을 나누는 것도 가능하다. **3** 거실과 식당은 서로 들여다 보이도록 계획 – 부엌에서 거실 쪽(계단 아래)을 본 모습. 왼쪽 위로 보이는 것은 2.5층의 아이방.

복도와 홀을 최소한으로

남북으로 좁고 긴 24평의 협소지에 계획된 주택이다. LDK, 침실 이외에 차고, 서재, 두 개의 아이방을 확보하고 싶다는 건축주의 요구에 따라 계단으로 전부 층을 연결하는 방식을 제안하고, 계단을 골조 계단으로 하여 개방감도 고려했다. 또 복도나 현관홀의 면적을 최소한으로 하고 거실의 크기를 최대한 확보한 것도 설계의 포인트이다.

1

3

2

1 식당의 안쪽에 개수대와 식탁을 배치. 수납장도 개수대의 일부로 만들었다. **2** 거실의 한쪽 구석을 이용한 컴퓨터 코너 – 가족이 사용하는 컴퓨터는 거실의 한쪽 구석, 이 공간의 왼쪽에는 정원으로 나갈 수 있는 계단이 있다. **3** 좁게 느껴지지 않도록 전체를 하얀 인테리어로 통일했다 – 약 4.5평의 거실에는 공간을 압박하지 않는 심플한 가구를 두었다. 벽은 구조용 베니어 합판에 페인트를 칠해 거친 질감으로 마감했다.

032_ 방의 일부에 스킵플로어를 적용

바닥의 일부를 스킵플로어로 설계해 공간이 넓어 보인다. 몇 단이라도 바닥레벨을 상하로 어긋나게 하면 거리감이 생기고 평평한 바닥에 비해 넓어 보이기 때문이다. 거실·식당 등의 원룸을 티나지 않게 조닝할 수 있고 벽이나 가구로 칸을 나누지 않기 때문에 방도 좁아지지 않는다. 계단이 공간의 악센트가 되고 긴장감 있는 개방감을 즐길 수 있다.

1 LDK의 한가운데를 두 계단 들어올린 공간 연출 - 스킵플로어 아이디어로 시각적인 넓이가 생겨 재미있는 공간이 되었다. **2** 천장의 곡선효과와 스킵플로어로 개방적인 공간으로 연출 - 안쪽의 LDK와 바로 앞의 방을 하나로 이으면서 바닥에 단차를 두어 공간의 독립성을 높였다.

033_ 데크나 발코니를 방의 연장으로 이용한다

최근에 주택에서 인기가 높은 요소는 데크나 발코니, 테라스 등 옥외 공간이다. LDK 등에 이어지게 만들어 실내가 넓어지고 차나 식사 등 외부거실로 활용할 수 있다. 데크에 면한 창은 천장까지 크게 내면 효과적이다.

3 사각의 대지에 한쪽 구석을 자른 듯한 데크와 마당을 만들어 LDK가 그 데크를 감싸는 설계이다. L자형의 큰 창을 내 안팎을 연결했다. **4** 2층 남서쪽 코너에 데크를 만들고, 그 데크를 감싸는 듯한 LDK를 배치. 두 군데의 창으로 데크를 출입할 수 있는 설계이다.

034_ 데크는 온전히 감싸 쉴 수 있는 공간으로

거실이나 식당에 데크를 연결해 방처럼 사용하면 역시 외부의 시선이 신경 쓰인다. 시선을 차단하고 여유 있게 쉴 수 있는 공간으로 만들려면 데크나 테라스를 펜스나 담으로 둘러싸면 된다. 나무 같은 친환경 자재를 이용하거나 통기성이 좋은 디자인 등을 추천한다.

1 남유럽스타일을 본 따 테라스의 옆벽에도 칠을 하고 바닥을 테라코타 타일로 마무리. 거실에서 출입하는 창은 양쪽으로 열리는 창을 사용했다. **2** 4인용 테이블과 의자를 둔 여유 있는 6평 정도의 데크, 통풍을 위해 루버펜스를 사용. **3** 바닥은 삼나무, 펜스는 노송나무를 사용. 목재 펜스는 옆 대지의 콘크리트 옹벽을 숨기기 위해 설치했다. 거실과 일체감을 주는 넓은 공간이 만들어지고 펜스로 둘러싸여 안락한 느낌을 준다.

2

3

035_ 칸막이를 미닫이로

작은 집에서는 하나의 공간을 2실로 쓸 수 있도록 설계하면 공간을 유용하게 쓸 수 있다. 이 경우 칸막이는 미닫이나 접이식으로 개구부를 넓게 할 수 있는 문이 편리하다. 필요에 따라 1실 또는 2실로 쓸 수 있다.

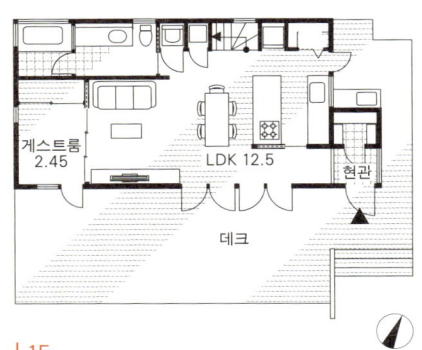

| 1F

1, 2 손님방은 늘 사용하는 곳이 아니기 때문에 그 공간을 거실로 살려냈다. 세장의 미닫이는 벽의 안쪽으로 밀어넣을 수 있어 공간을 막지 않는다. 평상시에는 모두 열어 넓게 사용한다.

3, 4 현관과 거실을 연결한 경우 – 현관홀의 일부를 방으로 활용할 수 있도록 고민했다. 홀의 거의 중앙에 압박감이 없는 폴리카보네이트로 미닫이를 만들어 손님방이나 작업공간으로 사용한다.

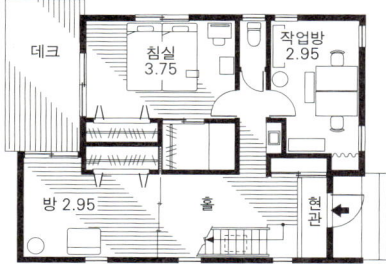

036_ 매다는 미닫이는 공간의 연속성이 높다

방을 넓게 하거나 구분하는 데 미닫이 가능하면 바닥에 레일 없이 매다는 타입이 이상적이다. 특수 철물을 천장에 달아 문을 매다는 방식으로 바닥에 레일이 없다. 열었을 때 바닥의 경계선이 없기 때문에 공간의 연속성이 높아지고, 층간소음이 없는 것도 장점이다.

1, 2, 3 서재, 침실, 복도를 매단 문으로 나누어 시원하게 연출했다. 3의 사진이 열었을 때 모습, 1, 2의 사진이 닫는 과정이다.

037_ 골조계단의 아름다움

계단은 보통 무심하게 이용하지만 건물에서 의외로 많은 면적을 차지한다. 최근 작은 집에서 눈에 띄는 것은 수직판을 없앤 골조계단이다. 디딤판과 디딤판의 사이로 반대편이 투시되어 보이기 때문에 공간이 넓어 보인다. 특히 좁은 현관에 계단을 만드는 경우에 추천한다. 철제, 목재 어느 것으로도 골조계단은 가능하다.

1 긴장감이 느껴지는 심플한 계단 – 계단의 수직판도 손잡이도 없는 디자인. 정면의 슬릿한 창에서 빛이 새어 들어와 따뜻한 공간을 연출. 계단의 디딤판은 집성목재를 사용했다. **2** 시선을 막지 않는 디자인 – 좁은 현관홀에 놓여진 계단은 철제 프레임에 목재 디딤판을 얹었다. 디딤판의 사이로 반대편이 보여 좁아 보이지 않고 계단 너머로 공간의 깊이감이 느껴진다. **3** 우아하면서도 경쾌한 디자인의 나선형 계단 – 현관을 들어서면 눈앞에 나타나는 하얀 계단. 건물의 중앙에 위치해 현관, LDK, 방을 나누는 역할도 한다.

038_ 현관홀을 다목적으로 이용하자

일반적으로 바닥면적을 절약하기 위해 현관을 좁게 만들지만 반대로 넓게 만들어 다목적으로 사용하는 것도 방법이다. 출입에만 사용하는 현관을 여러 가지 목적으로 쓸 수 있다면 결과적으로 공간이 넓어지는 셈이다. 갤러리, 접견실, 아이의 놀이방, 반려동물의 방 등 아이디어에 따라 같은 공간이 2배로도 3배로도 살아난다.

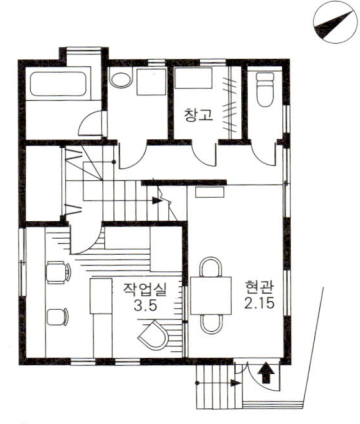

| 1F

3

1, 2 콘크리트 바닥을 접대 공간으로 – 현관을 넓게 터서 테이블과 의자를 두고 응접실 공간으로 만들었다. 신을 신은 채로 앉을 수 있기 때문에 손님들도 편하다.
3 현관홀을 도서실로 – 현관홀을 넓게 하여 한쪽 벽에 책장을 제작했다. 넓이가 3.25평이나 되기 때문에 바닥에 앉아 독서가 가능하다.

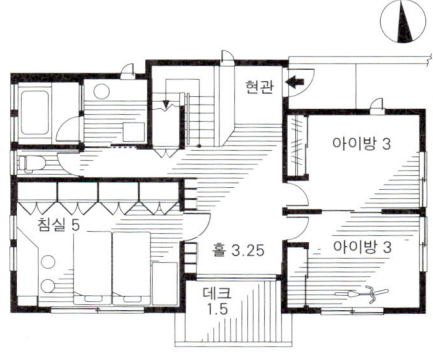

| 1F

039_ 복도를 줄여 거실을 넓힌다

현관과 거실을 잇는 복도는 버려지는 면적이 되기 쉽다. 복도로 방치된 공간을 거실·식당 등의 공간으로 포섭하면 바닥면적을 알뜰히 이용할 수 있다. 복도를 없애면 현관에서 거실까지 훤히 보이게 되지만 신경 쓰인다면 벽이나 미닫이 등을 이용해 숨길 수도 있다.

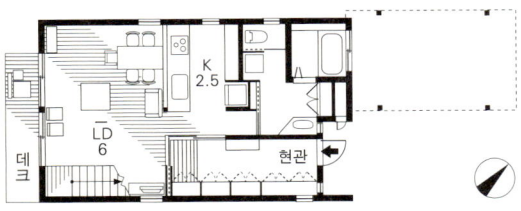

| 1F

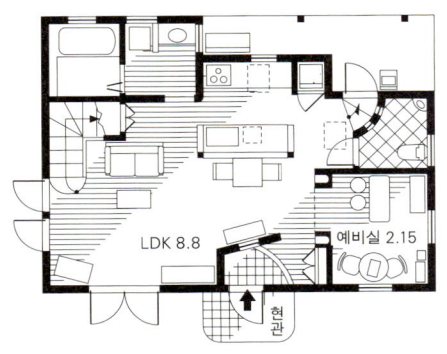

| 1F

1 L자형으로 만든 미닫이로 현관 주변을 널찍이 열었다. 현관과 거실·식당을 미닫이문으로 나누어 복도 공간이 없다. 평상시에는 사진처럼 개방한 채 사용하고 냉난방시에만 미닫이를 닫는다. **2** 반원의 입구에 맞추어 위의 문틀도 곡선으로 디자인했다. **3** 현관에서 올라오면 바로 거실과 식당이 보인다. 집안 어디에서도 가족의 인기척을 느낄 수 있으면 좋겠다는 건축주의 요구에 따라 개방적인 평면이 되었다.

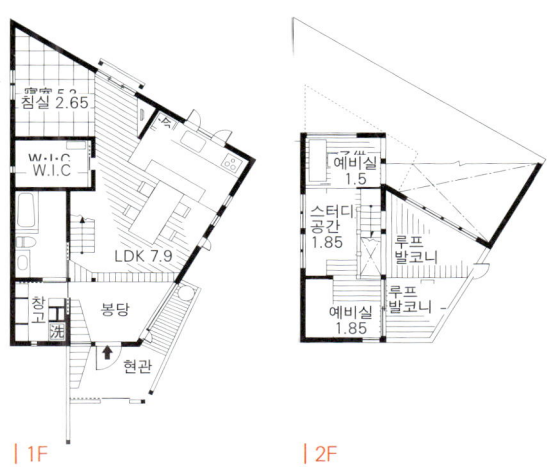

| 1F | 2F

040_ 계단을 공간의 일부로 만들자

2층으로 가는 계단을 현관 가까이에 만드는 것이 일반적이지만 별도의 계단실은 그만큼의 공간을 필요로 한다. 따라서 거실이나 식당 등 가족이 모이는 곳에 계단을 두면 바닥면적을 유용하게 쓸 수 있고 계단실의 칸막이벽 등으로 쓰이는 재료비도 절약할 수 있다.

1 철골프레임과 목조 디딤판으로 만든 계단은 화이트로 마감한 인테리어에 맞추어 가벼운 디자인으로 설계됐다. 2 사적공간인 방을 2층에 두었기 때문에 가족이 자연히 얼굴을 마주하는 기회가 많도록 계단은 거실에서 올라가도록 배치했다. 3 공간의 볼륨에 맞춰 계단, 조명, 창의 균형이 좋은 아름다운 디자인. 계단 아래는 수납공간으로 사용한다. 4 LDK가 하나로 구성된 열린 방배치에서 계단은 상부 보이드가 있는 거실에 배치.

041_ 곡선이나 사선을 적용한다

공간을 효율적으로 사용하는 데는 정방형의 반듯한 방이 좋지만 적절한 곡선이나 사선은 좁은 공간을 넓어 보이게 하고 동선을 부드럽게 연결하는 등의 장점이 있다. 방배치가 쉽지 않아 모든 방이 좁게 느껴질 때는 생각을 조금 바꿔보자. '공간은 사각으로 나뉘는 것이다'라는 고정관념을 버리고 사선이나 곡선 등을 도입한 평면을 짜보면 의외로 수월하게 해결되는 경우도 있다.

1 사선을 가미한 유리문으로 양쪽 공간의 답답함을 해결 – 복도 막다른 곳에 있는 욕실과 탈의실의 칸막이를 사선으로 처리해 두 공간을 합리적으로 나눴다. **2** 현관 바닥과 홀을 과감하게 사선으로 구분했다. 직선보다 선이 길어져서 시각적으로 넓어지는 효과가 있다. **3** 식당·주방 벽의 한 쪽에 나선형 계단이 있어 실내에 곡선의 벽이 생겼다. 좁은 공간에서도 동선이 부드럽다. **4** 거실의 공간을 일부 사용하여 현관 바닥과 홀의 면적을 절약. 자연 소재와 어울리는 부드러운 곡선으로 마무리했다. **5** 마루턱과 홀의 경계를 곡선으로 만들고 차분한 배색으로 분위기를 정갈하게 가라앉혔다. 한정된 공간도 여유로워 보인다.

042_ 유리를 사용하여 시선을 확장시킨다

공간을 넓어 보이게 하기 위해 효과적인 것이 유리나 아크릴판 등 투명한 소재이다. 외부에 면한 실내 창에 사용하는 것이 일반적인데 의외의 장소에 사용해 효과를 볼 수 있다. 예를 들어 방의 칸막이나 복도의 막다른 곳, 계단실, 현관홀 등이다. 작은 창을 하나 만드는 것만으로 밖을 향한 시선이 확장되어 생각지 못한 효과를 얻을 수 있다.

1 현관의 맞은편에 안뜰을 내다볼 수 있는 큰 개구부를 만들었다. 문을 들어서면 창으로부터의 녹음이 공간을 차분하게 연출해 준다. **2** 채광과 동시에 공간의 연속성을 강조하기 위해 침실과 현관 홀을 천장까지 유리로 칸막이 하였다. 바닥재를 통일한 것도 연속적인 느낌을 내기 위함이다. 필요에 따라 블라인드로 시선을 차단할 수 있다. **3** 벽으로 둘러싸인 계단실에 창을 설치하면 답답함이 줄어든다. **4** LDK와 현관을 연결하는 복도의 막다른 곳이다. 밖이 전부 보이지 않고 기척을 느끼면서 재광까지 확보할 수 있는 반투명유리를 사용했다. **5** 도로에 면하고 있어 프라이버시 문제로 큰 창을 계획할 수 없는 조건에서는 이처럼 낮은 창이 효과적이다. 비록 크지는 않지만 은은하게 새어드는 빛이 공간에 깊이를 더해준다.

043_ 높은 측창으로 시각적인 넓이를 연출

방의 높은 위치에 만드는 창을 높은 측창이라고 한다. 위로 시선이 확장되어 거의 시계를 막지 않아 공간이 넓게 느껴진다. 보이드 공간에 설치한 높은 측창은 공간의 볼륨과 어울려서 한층 더 개방감을 만끽할 수 있고 외부에서 들여다 보일 걱정도 없다.

1 밖의 시선을 신경 쓰지 않으면서도 충분한 빛을 끌어들일 수 있다. **2** 남쪽과 동쪽을 향한 높은 측창으로 일 년 내내 쾌적하다. **3** 동쪽에 옆집이 붙어 있어 다락보다 낮은 부분은 벽으로 하고, 위쪽에 높은 측창을 설치했다.

044_ 작은 집이라도 개인공간은 필요

작업공간이나 서재, 가사실(다용도실)을 독립된 방으로 만들고 싶어도 공간이 넉넉하지 않은 작은 집에서는 포기하기 쉽다. 하지만 궁리해 보면 작은 집에서도 이런 공간을 만드는 일은 가능하다. 예를 들어 부엌이나 거실, 침실, 복도의 한쪽구석, 계단참 등에 작은 책상을 제작하고 의자를 두면 주부만의 공간이나 서재를 만들 수 있다. 여기에 수납선반이나 콘센트까지 갖춰지면 무척 편리하므로 잊지 말고 설계에 추가하자.

1 침실과 아이방을 연결하는 복도를 조금 넓게 하여 책상을 만들어 넣었다. **2** 방으로 튀어나오지 않도록 깊이 40cm 정도 벽을 오려내 서재 공간으로 계획했다. 이 정도 깊이라면 의자를 두더라도 방해가 되지 않는다. **3** 부엌의 벽면 수납에 만들어 넣은 주부만의 공간으로 컴퓨터 책상, 책을 넣는 책장, 가방 보관함까지 갖췄다.

045_ 창이 클수록 방은 넓게 느껴진다.

정원이나 데크, 또는 옆집의 녹음이나 공원에 면해 있는 방에는 가능한 창을 크게 내자. 큰 창은 외부로 시선이 향하도록 유도해 외부공간을 실내로 끌어들여 시원시원한 공간을 만들 수 있다. 단열에 관한 부분은 단열성, 기밀성이 뛰어난 복층유리나 삼중유리를 사용해 최소화하도록 한다.

1 공원 앞이라는 최적의 입지를 살려 남쪽에 큰 개구부를 냈다. 외부이기도 내부이기도 한 개방적인 공간이다. **2** 옆집의 죽림을 그대로 즐길 수 있도록 8.5평 거실의 남쪽 전체가 창이다.

046_ 개구부를 방의 코너에 둔다

건물의 코너에 있는 것은 구조기둥. 그 기둥의 양옆에 창을 두면 넓어 보이는 효과가 크다. 왜냐하면 코너 창은 옆에 난 창에 비해 시야가 한층 넓어져 그것만으로도 실내와 실외의 연속성이 높아진다. 단 코너에 내력벽이 필요한 경우도 있기 때문에 설계자와 충분히 상담하여 창의 위치를 결정하자.

1 ㄱ자로 꺾인 계단의 상부에 코너 창을 두어서 상하층 모두 개방적인 공간이 되었다. 기둥의 양쪽으로 가새를 넣어 강도를 높였다. 2 남서쪽 모서리에 낸 창으로 자연경관을 즐기면서 서쪽의 강한 햇빛을 막기 위해 처마를 깊게 했다.

047_ 욕실과 세면실의 칸막이는 투명유리로

널찍한 욕실은 기분 좋은 일이지만 작은 집에서 넓은 욕실을 가지기란 쉽지가 않다. 그럴 때 욕실과 세면탈의실의 칸막이를 유리로 하면 어느 정도 그 효과를 볼 수 있다. 입욕 중 가족이 세면실을 사용하고 싶을 때를 위해 블라인드를 달아두는 것도 좋은 방법이다.

048_ 변기와 세면대를 한 공간에

(국내에는 일반적인 욕실 형태이지만 일본은 변기와 세면실을 따로 두는 경우가 많다.) 공간을 잘 활용하기 위한 방법으로 최근 늘어난 스타일이다. 변기가 두 군데 있는 경우는 손님이 자주 이용하는 거실 가까운 곳의 화장실을 이 타입으로 하면 좋다. 작은 세면기뿐인 화장실보다 거울과 세면대가 있는 화장실이 손님에게도 쾌적하다. 타올이나 비누 등의 수납공간도 잊지 말고 확보해 두자.

1 공적 공간이 있는 1층의 화장실은 카운터를 달아 넓게. 2 타일로 마감한 벽에 둥근기둥이 달린 세면대가 어울리는 세련된 공간. 3 공간 절약을 위해 변기, 세면, 세탁기 공간을 하나로. 카운터 아래를 오픈해 청소도 편하다.

049_ 세면실의 거울은 크게

거울은 공간을 두 배로 보이게 하는 소도구이다. 공간을 짜는 일이 어려운 세면실, 현관, 복도 등의 좁은 장소에 설치하면 효과적이다. 특히, 세면실은 얼굴만 보는 작은 거울이 아닌 카운터 앞 벽 전체를 거울로 하자. 화장을 하거나 옷매무새를 볼 때도 큰 거울이 훨씬 실용적이다.

1 유리로 된 카운터 상판에 큰 거울. 물건을 쉽게 찾을 수 있는 개방된 수납장을 계획했다. 내장은 넓게 보이는 흰색으로 통일. **2** 톱라이트에서 충분히 빛이 들어와 욕실 청소도 쉽고 기분 좋다. 왼쪽에 욕실이 있고 세면실은 탈의실도 겸하고 있다. 벽 전체에 거울을 달아 넓게 보인다.

넓어 보이는 테크닉 - 인테리어 아이디어

내장재나 가구를 두는 방법, 물건을 장식하는 방법 등으로 넓어 보일 수 있다. 설계할 때부터 계획하는 것이 좋고 입주 후라도 다양한 아이디어를 참고해 보자.

050_ 실내를 밝고 옅은 색으로 통일한다

흰색이나 크림색 등의 밝고 옅은 색은 방을 실제 이상으로 넓어 보이도록 한다. 벽이나 천장뿐 아니라 바닥재까지 이런 색조로 통일하면 창에서 들어오는 빛도 방 전체에 잘 비춰져 한층 넓게 느껴진다. 마찬가지로 소파 등의 볼륨 있는 가구나 실내에 큰 면적을 차지하는 러그매트 등도 내추럴 컬러나 흰색 계열을 권한다.

1 시스템키친의 문이나 상판, 타일이나 창틀, 가전제품에 이르기까지 철저하게 흰색을 선택했다. **2** 바닥의 타일까지 새하얗게 통일하여 좁은 느낌을 해소했다. 콤팩트한 세면, 탈의실도 규조토 등의 내장재를 하얗게 해서 넓게 느껴진다. **3** 소파와 바닥 나무를 밝은 내추럴 컬러로 통일했다.

051_ 천장의 몰딩은 눈에 띄지 않게

벽이나 천장에 흰색이나 밝은 색을 선택하면 천장과 벽사이의 몰딩(둘레선)도 역시 흰색이나 같은 밝은 색으로 하자. 몰딩을 전혀 하지 않는 것도 좋은 방법이다. 가능하면 구분을 전혀 하지 않는 것이 넓게 느껴지게 하는 비결이기 때문에 특히 시선이 가기 쉬운 천장은 산뜻하게 하는 것이 중요하다.

1 천장의 몰딩을 없애고 깨끗하게, 벽과 천장 사이를 화이트로 하고 몰딩을 생략하여 깔끔한 분위기로 연출했다. 2 천장뿐만 아니라, 바닥과의 몰딩(걸레받이)도 일반적인 것보다 폭이 넓은 것을 썼지만 벽에 묻히는 흰색을 선택한 것이 포인트.

052_ 바닥재는 한 종류로

벽과 천장, 걸레받이와 마찬가지로 바닥재도 같은 색이나 소재로 이어가는 편이 시각적으로 넓어 보인다. 바닥재를 잘게 구분하여 사용하면 공간이 연속되어도 쪼개진 듯한 인상을 준다. 특히 개방된 타입의 LDK는 같은 바닥재로 마감하는 것을 권한다. 현관이라면 흙발로 들어서는 바닥과 신발을 벗는 홀이나 복도를 같은 타일로 하는 방법도 있다.

1 좁은 현관도 바닥에서 복도까지 같은 소재로 하면 넓은 인상을 준다. **2, 3** 계단이 중앙에 있는 좁고 긴 LDK. 부엌에서 계단 구석, 거실까지의 바닥 전체를 하얀 바닥재로 연결하여 넓게 느껴진다.

053_ 창은 장식 없이 심플하게

좁은 공간에서는 커튼이나 블라인드 등 창의 장식도 간결하게 해야 공간 전체가 산뜻해진다. 흔히 볼 수 있는 드레이프 커튼+레이스 스타일보다 벽과 일체감을 주는 디자인으로 잘 안 보일 것 같은 가벼운 종류의 것을 추천한다. 간단한 디자인의 블라인드나 여러 종류의 쉐이드가 있고 굳이 드레이프 커튼이라면 얇고 부드러운 소재를 한 겹만 거는 방법도 있다.

1 앤틱 가구를 둔 클래식한 식당 인테리어. 보통은 같은 느낌의 드레이프 커튼을 맞추기 쉽지만 심플한 쉐이드를 선택해 무거운 인상을 피했다. 2 작은 창에는 롤스크린, 출입할 때 사용하는 바닥까지 내려오는 창은 버티컬을 설치했다. 날렵한 두 종류의 창 장식으로 전체 공간을 산뜻하게 마감했다.

054_ 작은 공간의 벽지는 작은 무늬로 한다

무늬가 있는 벽지를 선택하고 싶다면 무늬의 크고 작음에 따라 원근감이 다르게 보이기 때문에 작은 무늬에 옅은 색으로 하는 것이 좋다. 잔무늬에 옅은 색이 큰 무늬에 짙은 색보다 멀리 있는 것처럼 보이기 때문에 방이 넓게 느껴진다. 커튼을 선택할 때도 같은 요령을 권한다.

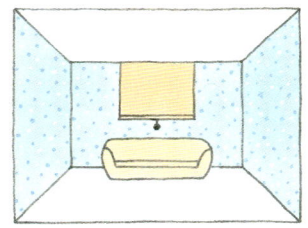 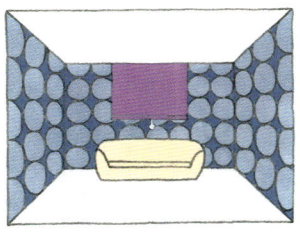

1 좁은 방이라면 밝은 색에 작은 무늬의 벽지나 커튼을 선택하면 좁아보이는 느낌이 덜하다. 큰 무늬의 벽지나 커튼은 앞으로 다가와 보여 방이 좁게 느껴진다. 2 천장이 낮다면 작은 무늬의 벽지를 선택해 답답함을 해소한다.

055_ 칸막이로 불투명유리를 사용한다

좁은 공간일수록 칸막이 아이디어가 공간감을 좌우한다. 벽으로 막아버릴 경우 좁아서 갑갑하게 느껴지는 장소에는 불투명유리나 폴리카보네이트 등 건너편이 살며시 투명하게 보이는 소재를 사용하는 방법이 효과적이다.

1, 2 현관과 거실 사이의 칸막이벽을 없앨 예정이었으나 건축가의 조언으로 불투명유리의 칸막이를 설치했다. 건너편으로부터 빛이 비쳐서 넓게 느껴지고 방문자의 인기척도 느낄 수 있는 장점이 있다.

056_ 유리테이블은 넓어 보이는 효과가 있다

유리라는 소재의 가벼움과 날렵함이 테이블의 존재감을 부드럽게 해주기 때문에 좁은 공간에는 안성맞춤. 특히 큰 식탁일수록 효과가 좋다.

구조상 필요했기 때문에 기둥을 포함한 벽을 만들되 일부를 선반으로 계획했다. 벽만으로 구분하는 것보다 두 공간 사이에 일체감이 생긴다.

057_ 투시형 선반을 칸막이로

칸막이로 투시형 선반을 활용하는 방법도 있다. 선반 사이로 건너편이 보여서 칸막이가 있어도 연속적인 느낌이 든다. 이런 경우 수납 목적보다 디스플레이 선반을 활용하자. 장식하는 물건의 크기를 고려해 적당히 비워두는 것도 중요하다.

058_ 낮은 칸막이로 발밑을 완벽히 감춘다

낮은 칸막이는 시선이 넓어지는 것을 막지 않으면서 혼잡한 발치는 감춘다는 장점이 있다. 식탁과 마주보는 조리대를 가진 부엌에도 거실·식당과 구분하면서 잡동사니 등을 감추는 효과가 좋다. 답답함을 주기 쉬운 상부의 수납장을 없애고 카운터만으로 낮게 구분하는 것이 포인트다.

1, 2 눕거나 쉴 수 있는 거실과 스킵플로어로 이어진 식당. 낮은 칸막이로 공간의 넓이는 그대로지만, 식당 쪽의 발밑 부분을 감추어 거실의 편안함도 지킨다. **3** 부엌을 낮은 카운터로 구분해 식당과 자연스럽게 연결되는 느낌이다.

059_ 주요 가구는 낮은 것을 선택한다

면적이 같아도 천장이 높은 방이 넓게 보이는 이유는 공간 전체의 크기가 느껴지기 때문이다. 협소함을 해소하기 위해 천장을 높이는 것이 현실적으로 무리라면, 소파 등의 큰 가구를 낮추어 윗공간을 여유 있게 만들어주면 된다. 또 큰 가구는 아래에 짙은 색, 위는 옅은 색의 배색을 하면 시선이 아래로 집중되어 높이가 더 낮아 보이는 느낌을 준다.

1 전체적으로 화이트 톤으로 마감한 공간에서 시선을 끄는 TV와 짙은 갈색의 수납장을 가능한 낮추어 배치. 테이블도 낮은 것으로 선택했다.
2 볼륨이 있는 짙은 색의 소파는 다리가 없는 것으로 선택하고 쿠션이나 캐비닛은 하얗게 처리했다. 낮아 보이는 가구 배치의 기본이다.

060_ 가구는 색과 높이, 폭을 맞춘다

방을 산뜻하게 보이기 위해서 굳이 포인트로 강조하고 싶은 경우를 제외하고는 주요 가구의 색은 통일하는 것이 기본이다. 가구를 둘 때는 가능한 한 높이와 전면 라인을 맞춘다. 높이가 다른 가구를 옆에 둔다면 낮은 가구의 위에 그림을 장식하는 등 고저차를 보정하는 방법을 생각해 볼 필요가 있다.

061_ 들어 올린 천장과 조명으로 천장을 높아 보이도록

실제로 천장이 높으면 공간이 넓어 보이지만 천장의 중앙만 높게 하는 방법도 같은 효과가 있다. 높아진 부분을 간접광으로 비추면 빛의 효과로 더욱 넓게 보이는 공간의 연출이 가능하다.

1 찬장을 하얀 도료로 리폼하고 낮은 콘솔테이블의 위에 니치(niche:벽견을 파내어 장식품을 놓도록 만든 곳)를 만들어 높이와 색을 맞췄다. **2** 안쪽에 장치한 조명과 섬세한 샹들리에로 천장의 높이를 강조했다. 보나 공조기구의 설치 부분 등을 피해야 하므로 계획시 충분한 고려가 필요하다.

062_ 키가 큰 수납은 천장이나 바닥과의 사이에 공간을 둔다

키가 큰 수납장은 수납이 편리하지만 방이 좁게 느껴지기 쉽다. 그럴 때는 천장이나 바닥과의 사이에 어느 정도의 공간을 두면 효과적이다. 좁은 장소에 많은 수납공간이 필요한 때일수록 오히려 보기엔 쓸데없는 공간을 만들어보자.

1 아이가 낮잠을 자거나 세탁물을 개는 다다미방. 마루와의 사이에 공간을 둔 매단 옷장을 설치했다. **2** 키가 큰 수납장의 상부에 작은 물건을 장식하는 공간을 마련해 답답함을 해소했다.

063_ 벽과 천장에 부분적으로 간접조명을 사용한다

기본적으로 밝은 방이 넓게 느껴지기 마련이지만, 어느 곳을 조명할 것인지도 중요한 문제다. 무조건 전체를 밝게 비추는 것보다 천장과 벽 등에 부분적으로 빛을 비추면 실제보다 천장이 높고 방도 널찍하게 느껴지는 효과가 있다.

1 천장에서 벽을 비추는 조명, 낮은 칸막이벽으로 사용하는 수납장의 조명 등, 하얀 공간에 퍼지는 깊이감을 준다. 조명은 설계단계에서부터 계획에 포함해야 깔끔하게 시공할 수 있다. **2** 계획단계에서부터 풍부한 조명을 시공하지 못했다면 방의 구석에 좋아하는 플로어 스탠드를 둔 것으로도 효과를 얻을 수 있다. 상부를 향해 퍼지는 빛이 벽과 천장의 경계를 눈에 띄지 않게 하여 구석에 깊이감이 생긴다.

064_ 포컬 포인트를 두어 시선에 강약을 만든다

'포컬 포인트'는 딱 봤을 때 무의식 중에 시선이 가는 장소를 뜻한다. 그런 포인트가 있으면 방에 강약이 생겨 시선을 분산시키지 않고 한곳으로 모아 공간을 산뜻하고 정돈되어 보이게 해준다. 문을 열었을 때, 소파에 앉았을 때, 자연히 눈이 가는 벽에 가구를 두거나 그림이나 소품을 장식하여 장식공간을 만들자. 창이나 니치를 잘 이용하면 포컬 포인트가 된다.

(왼쪽) 들어갔을 때 자연스레 눈이 가는 장소를 센스 있게 장식하면 좁은 현관도 넓어 보이게 할 수 있다. (오른쪽) 문을 열었을 때 눈에 들어오는 벽이나 소파에 앉았을 때 눈이 가는 장소에 그림이나 소품을 배치하여 시선을 유도한다.

1 큰 거울과 작은 소품들로 공간의 강약을 연출 - 큰 거울과 CD렉의 쓰임을 바꾼 장식용 선반을 포인트로. **2** 앤틱 의자와 컬러풀한 그림과 소품으로 현관을 연출 - 현관을 열면 화사한 색의 그림과 의자나 램프, 잡화 등이 눈길을 끈다. **3** 하얀 소품들로 장식하여 돌출창을 포컬 포인트로 계획했다. **4** 에스닉한 선반과 소품으로 대칭을 연출 - 식당에서 거실을 보았을 때 정면이 되는 벽을 좌우대칭으로 구성했다.

065_ 가구는 한데 몰아서 배치한다

바닥이 시원하게 보이면 넓게 느껴진다. 가구를 잘 배치하여 정리된 공간을 만들자. 가구의 점유면적이 바닥면적의 30~40%면 여유 있는 인상을 준다. 가구점에서는 가구가 작아 보이기 쉽기 때문에 막상 집으로 가지고 오면 크기가 맞지 않는 경우가 많으므로 구입 시에 사이즈, 특히 폭을 확인한다.

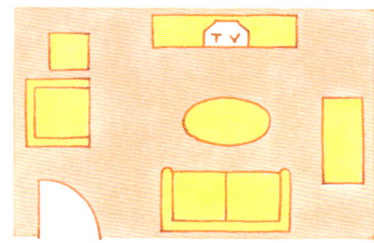 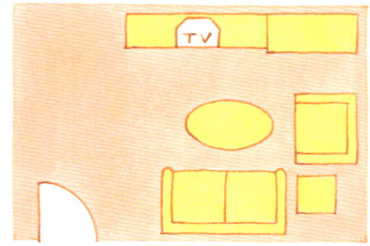

(왼쪽) 가구를 분산하면, 쓸데없는 공간이 생겨 정리된 공간을 가질 수 없다. (오른쪽) 가구를 코너로 몰아서 배치하면 넓은 공간을 확보할 수 있고 입구에서 봐도 넓은 인상을 주어 공간 활용에 매우 유리하다.

1 2

1, 2 소파와 암체어를 L자형으로 배치한 뒤 가운데 테이블이 아니라, 소파에 붙여 사용하는 작은 테이블을 선택했다. **3, 4** 소파와 사이드테이블, 거기에 AV장과 수납장까지 만들었다. ㄷ자형으로 배치하여 중앙 공간을 넓게 했다. **5** 가족 모두가 앉을 수 있도록 소파와 작은 의자를 ㄷ자로 두었다. 테이블은 소파사이드의 작은 것만 사용했다.

산뜻한 삶에 한걸음 다가가는 수납의 기초

한정된 공간을 보다 넓고 쾌적하게 사용하기 위해서는 적절하고 확실한 수납 계획을 빼놓을 수 없다. 가지고 있는 물건을 깨끗이 수납하여 유지·관리하기 위해서는 집의 설계 단계에 수납 계획을 넣어야 한다. 수납 계획의 기본적인 순서와 원칙을 정리했다.

066_ 우선은 갖고 있는 물건들 목록 만들기

수납공간이 많다고 반드시 좋은 것이 아니다

한정된 공간을 넓게, 시원하게 살기 위해서는 갖고 있는 물건의 양과 종류를 확실히 파악하여 그것에 따른 수납 계획을 세우는 일이 중요하다. 갖고 있는 물건에 맞지 않는 수납공간이 있다면 방에는 물건이 넘치고 수납장 안은 비어 있는 상태가 될지도 모른다.

예를 들어 옷이면 '긴 옷이 행거파이프에 ○m 분, 짧은 것이 ○m 분', '세로로 ○cm×가로로 ○cm×높이 ○cm의 옷 케이스가 ○개분' 등등 구체적인 양을 확인해야 한다. 책이나 식기 등은 현재 사용하고 있는 장의 크기와 개수를 체크한다. 이때 엄마, 아빠, 아이 등 식구별로 파악을 하도록 한다.

067_ '물건은 쓰는 장소에 둔다' 가 수납의 대원칙

동선의 흐름이 부드럽도록

갖고 있는 물건의 리스트 업이 끝나면 다음은 그 물건을 작업의 목적에 따라 분류한다. 예를 들어, 건축가 치카코 씨가 주장하는 '사시스세소 정리법'(일본의 가나, 사행의 오음으로 원칙 5개의 앞 글자를 따서 명명. 국내의 '아나바다' 운동과 같은 쓰임). 이 정리법에서는 가사에 필요한 도구를 왼쪽 위의 표를 참고하면서 목적별로 정리한다. (사)사이보(재봉-), (시)지무(사무), (스)스이지(취사), (세)센타쿠(세탁), (소)소지(청소), 이외에도 요리, 원예 등의 목적으로 물건을 분류하면 같은 목적에 쓰는 것은 같은 장소에 정리할 수 있다. 세탁에 사용하는 세제나 도구는 세탁기 옆에, 다림질도구는 다리미를 두는 곳에. 이렇게 정리하여 작업과 정리 – 일련의 흐름을 따라 부드럽게 되도록 계획하자.

수납 계획의 기본은 '물건은 쓰는 장소에 둔다' 이다. 작업하는 장소에서 떨어진 곳에 수납을 하면 쓴 뒷정리가 귀찮아지고 꺼내놓은 채 두기 쉬우니 주의하자.

우선은 작업의 목적별로 물건을 분류하고 같은 목적의 물건은 같은 장소에 정리하는 것을 원칙으로 한다.

(사) 사이보(재봉)도구	미싱, 바늘상자, 천조각, 모포 등
(시) 지무(사무)도구	가계부, 명부, 수첩, 서류, 필기도구 등
(스) 스이지(취사)도구	식기, 조리도구, 조미료, 부엌용 세제 등
(세) 센타쿠(세탁)도구	세탁기, 건조기, 세탁용 세제, 행거, 다리미 등
(소) 소지(청소)도구	청소기, 핸드와이퍼, 양동이, 짐 꾸리는 도구 등

068_ 사용 빈도와 무게에 맞추어 정리 높이를 결정

**매일 사용하는 물건은 손 가까운 곳에,
사용하지 않는 것은 안쪽에**

수납고에 정리하기 전에 갖고 있는 물건을 사용 빈도에 맞추어 분류하는 일도 중요하다. '매일 사용하는 물건', '사용 시기가 정해진 물건', '거의 사용하지 않지만 버릴 수 없는 물건' 으로 분류하여 평상시 사용하는 아이템은 꺼내기 쉬운 장소에 정리하자. 계절행사의 도구나 버릴 수 없는 물건은 다소 꺼내기 어려운 다락이나 창고에 수납한다. 이때 어디에 두었는지 잊어버리지 않도록 '우리집 수납 노트'를 만들면 편리하다.

물건을 꺼내기 쉬운 장소는 무릎에서 어깨 정도까지의 높이이다. 그보다 높으면 발판 등이 필요하고 낮으면 몸을 수그리는 자세를 하지 않으면 안 된다. 사용하는 사람의 키도 중요하기 때문에 왼쪽의 표를 참고하여 수납 계획을 세워

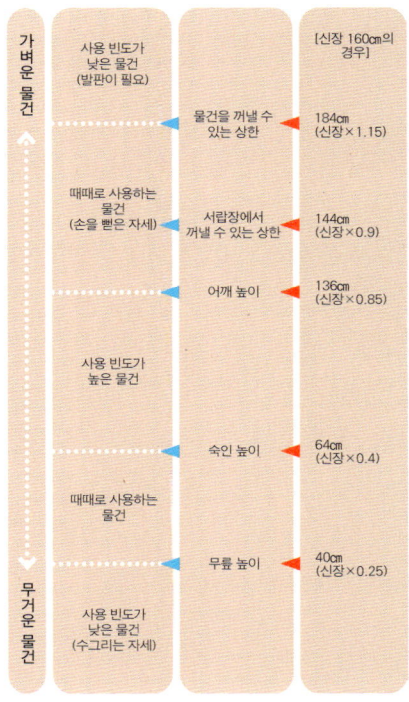

| 수납의 높이와 사용하기 편한 기준 |

보자. 또 정리하는 물건의 무게도 수납 계획을 생각할 때의 포인트다. 무거운 물건을 높은 위치에 정리하면 꺼내기 어렵고 떨어질 위험도 있으니 무거운 물건은 아래에, 가볍고 잘 깨지지 않는 물건은 위쪽으로 정리하도록 하자.

069_ 수납공간은 '한눈에 훑어볼 수 있는 것'이 포인트

어디에 무엇을 넣어두었는지 금방 알 수 있도록 계획하자
붙박이 수납장을 설치할 때는 '한눈에 훑어볼 수 있는 것'이 포인트다. 가능한 한 개구부가 넓고 깊이가 얕은 수납장을 만들면 안을 한눈에 볼 수 있고, 물건을 정리해 둔 채 썩힐 염려가 없어진다. 또 꺼내기 쉽고 제자리에 돌려놓기 쉬워서 매일 정리정돈도 자연스럽다.
수납고의 내부에 안이 보이지 않는 상자나 서랍장 등에 물건을 정리할 때는 라벨 등으로 표시하면 편리하다. 가족 모두가 어디에 무엇을 두었는지 알 수 있도록 하는 것이 중요하다.

070_ 폭이 넓은 대용량 수납고, 의외로 사용하기 어렵다

정리하는 물건에 맞추어 적절한 칸막이를 만든다
폭이 넓은 대형 수납고는 언뜻 생각하면 물건이 많이 들어가서 편리할 것 같지만 손이 닿지 않는 안쪽 부분은 죽은 공간이 되기 쉽다. 안에 장을 넣으면 꺼내기 힘들고 나중에는 갖고 있다는 것조차 잊어버리기도 한다.
대용량 수납고를 잘 사용하기 위해서는 적절한 칸막이가 포인트이다. 폭을 안쪽에서 분할하여 겉과 안의 양 사이드에서 쓸 수 있게 하는 등 궁리를 하면 효율적인 사용이 가능하다. 정리정돈에 약한 사람들은 무턱대고 큰 수납고를 만들어도 잘 활용할 수 없는 경우가 많으므로 주의하자.

071_ 각 방마다 필요한 수납장을 준비한다

각자 라이프스타일을 돌아보고 합리적인 수납 계획을 세우자

'물건은 쓰는 장소에 둔다.' 이것이 수납의 대원칙이다. 예를 들어, 많은 옷을 한 장소에 둘 수 있는 대형 드레스룸은 보통 침실 가까운 곳에 설치하지만 라이프스타일에 따라서는 불편할 수 있다. 샤워 후에 옷을 갈아입는 습관이 있는 사람은 욕실 내에 속옷 수납공간을 둔다거나 욕실 부근에 옷장을 설치하는 편이 오히려 편리하다. 수납 계획을 세울 때에는 '옷=침실에 가까이'라는 고정관념을 버리자. 우선 가족의 라이프스타일을 돌아보고 현관에서 LDK, 각 방, 세면실 등의 방별로 필요한 물건을 적어 그 리스트를 근거로 생각하면 무리 없는 수납 계획을 세울 수 있을 것이다.

072_ 장의 폭은 물건에 맞추어 정한다

애매하게 깊은 장은 오히려 쓰기 어렵다

수납 계획을 세울 때는 처음부터 안에 넣을 물건을 정해서 그 사이즈에 맞추어 장의 폭을 결정하면 꺼내기 편리한 수납이 된다. 예를 들어, 문고본을 주로 두는 책장이라면 폭이 11cm만 있으면 충분하다. 정리된 물건이 한눈에 보이기 때문에 어디에 무엇이 있는지 한눈에 알 수 있다. 반대로 애매하게 깊은 장을 만들면 안쪽에 넣은 책이 보이지 않고 꺼내기 힘들어져 사용하기 불편한 공간이 되기 때문에 주의하자. 수납고 안을 빈 공간으로 버려두는 것도 공간을 쓸데없이 방치하는 셈이므로 피해야 한다.

073_ 생활의 변화에 대응할 수 있는 변형 가능한 수납장을 추천

5년 후, 10년 후의 변화를 상상해 보자

수납 계획을 곰곰이 생각하는 일은 중요하지만, 현재의 라이프스타일에 맞추어 면밀히 수납 계획을 세워도 5년 후, 10년 후, 20년 후에는 가족구성이나 취향이 변하므로 가지고 있는 물건도 달라질 것이다. 수납고나 선반을 고정으로 하지 말고 변화에 대응할 수 있는 배려도 해두자. 장 선반의 위치를 바꿀 수 있는 선반받침을 사용하면 수납물에 맞추어 수납고 내의 선반 조합을 바꾸는 것이 가능하다. 바퀴가 달린 장 등을 조합하여 다른 모양을 만드는 방법도 추천할만하다.

074_ 계단 아래나 두터운 벽도 그냥 두지 말고 수납으로 활용한다

단독주택만의 공간을 찾아내자

목조주택의 경우, 적용하는 구조에 따라 가새나 단열재가 들어 있지 않은 벽은 내부가 11㎝ 정도 비어 있게 된다. 그 빈 공간을 활용하여 장을 설치하면 책이나 작은 물건을 정리하는 수납장으로 무척 편리하다. 폭이 얇아서 꺼내기 쉽고 정리하기 쉬운 장이 될 것이다.

계단 아래는 꽤 폭이 있기 때문에 레져용품이나 계절행사 도구 등 평소에 사용하지 않는 큰 물건들을 정리하기에 편리하다. 단, 두는 물건에 따라서는 폭이 깊기 때문에 적당히 칸을 나누는 등 효과적인 계획이 필요하다.

075_ 수납고는 심플한 모양으로 비용을 절약한다

시중에서 판매하는 수납 아이템들을 조합해 보자

붙박이 수납장은 별도로 가구 공사가 필요한 경우가 많고 따라서 비용이 높아진다. 비용을 줄이고 싶다면 가능한 한 간단하게 만들자. 예를 들어 옷장의 경우 행거파이프와 선반만 달면 꽤 많은 비용을 줄일 수 있다. 거기에 시중에서 판매되는 옷장들 중 사이즈를 맞춰 구입하면 깔끔하게 완성되고 쓰기에도 편리하다. 이때 옷장의 문을 미닫이로 하면 케이스의 폭과 문의 개구부가 맞지 않아 서랍을 열수 없는 일이 있으니 주의하자.

076_ '매다는 수납'과 '접는 수납'의 균형을 찾아라

현재 사용하고 있는 수납장을 기준으로

의류는 크게 행거에 걸어서 매다는 것과 개어서 두는 것으로 나뉜다. 매달아 두는 의류는 길이가 긴 것과 짧은 것이 있어서 옷장을 만들 때에는 가지고 있는 의류에 맞추어 행거파이프를 1단으로 할지 상하 2단으로 할지 결정해야 한다.

개어서 두는 의류를 수납하기 위해서는 서랍이나 장이 필요하다. 서랍이 시선보다 높은 위치에 있으면 내용물을 보기 어렵고 사용하기 어려워지기 때문에 배치할 때 주의하자. 행거파이프의 정면 폭이나 서랍, 장의 크기에 대해서는 현재 사용하고 있는 행거파이프의 길이나 서랍, 장의 크기가 기준이 된다. 부족하다고 생각하면 행거파이프를 길게 해 조정하자.

077_ 수납 계획을 결정하기 전 가구의 레이아웃을 확인

붙박이 수납의 장점과 단점

붙박이 수납은 가구가 필요없어지고 방을 산뜻하게 보이게 하는 장점이 있다. 반면 붙박이 수납의 앞에는 가구를 놓을 수 없기 때문에 레이아웃에 제한을 받는다는 단점도 있다. 수납 계획을 결정하기 전에 가구의 레이아웃에 대해서 확인을 해두는 것이 좋다.

가구와 가구 사이를 사람이 지나다니는 경우 옆으로 다닐 때는 약 45cm, 정면으로 다닐 때는 약 55cm의 폭이 필요하다. 거기에 물건을 안은 상태라면 폭 60cm 이상이 되지 않으면 지나다니기에 불편하다. 또 수납고의 문이 여닫이일 때는 열었을 때 장애가 없도록 가구의 앞에 공간이 필요해진다. 미닫이나 오픈선반일 경우 50~60cm 이상 비워두면 문제없다.

수납공간과 가구의 거리

수납장과 침대
수납장의 앞에는 서랍을 열 수 있는 폭이 더해져 물건을 꺼낼 때에 사람이 수그릴 수 있는 공간이 필요하다. 침대와의 사이를 최소 75cm는 확보하자.

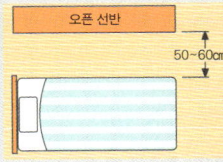

오픈 선반과 침대
문이 없는 오픈 선반의 경우 다른 가구와의 거리는 50~60cm 정도면 된다. 붙박이장은 문제 없지만 두는 가구의 경우는 지진 등의 흔들림에 넘어지지 않도록 고정하자.

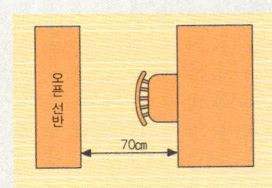

오픈 선반과 책상
오픈 선반에 책상에서 사용하는 것을 둘 경우 장과 책상의 간격이 너무 넓으면 오히려 불편하다. 70cm 정도의 간격이면 책상을 향하여 앉아 뒤돌기만 하면 장에 손이 닿는다.

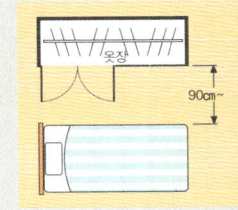

옷장과 침대
개구부 90cm, 여는 문 두 짝이 달려 있는 옷장의 경우 침대와의 간격이 90cm는 필요하다. 미닫이나 접는 문이면 50~60cm의 간격이면 충분하여 공간을 잘 활용할 수 있다.

078_ 문의 위치를 조금 어긋나게 하면 여유 있는 수납이 가능해진다

가구의 배치에 맞추어 방배치를 미세하게 조정

가구의 레이아웃을 생각할 때는 붙박이 수납은 물론, 문의 위치도 포인트가 된다. 예를 들어 벽에서부터 벽까지 책장을 두고 싶은데 그렇게 하면 문을 열고 닫을 수 없는 경우, 문의 위치를 조금 어긋나게 하면 책장에 부딪히지 않고 수납도 넓힐 수 있다(오른쪽 그림 참조). 또 채광이나 통풍이 필수인 경우라도 창을 너무 많이 내면 가구의 배치가 어려워진다. 창의 아래에 낮은 장을 둘 예정이라면 창의 높이를 배려하는 등 설계 단계에서 가구의 레이아웃을 정해두는 것이 좋다. 최근 많이 구입하는 벽에 다는 타입의 얇은 TV에 대해서도 처음부터 벽에 보강을 한다거나 벽 안쪽에 배선을 해두면 산뜻하게 마감할 수 있다. 컴퓨터를 둘 예정이라면 주변기기도 필요하기 때문에 콘센트의 위치를 충분히 검토하자.

효율적인 가구 배치

문을 열면 책장에 닿기 때문에 벽 한쪽 전체에 책장을 둘 수 없어서 데드스페이스가 생겨버린다.

책장을 벽 한쪽 전체에 둔 예. 책장의 폭에 맞추어 문의 위치를 살짝 이동하면 수납공간이 많아진다.

079_ '보이는 수납'과 '숨기는 수납'을 잘 조합한다

보이는 수납으로 사계절의 변화를 즐긴다.

숨기는 수납은 방을 산뜻하게 보이는 것에 효과적이지만 보이는 수납을 균형 있게 적용하면 집에서도 사계절의 변화를 즐길 수 있다. 예를 들어 벽면수납의 일부를 오픈선반으로 하거나 허리 높이 창의 아래에 수납공간을 만들어 그 위를 돌출창으로 하면 꽃이나 아이들의 그림, 수집품 등을 장식하는 공간으로 쓸 수있다.

080_ 많은 양의 수납이 가능한 바닥밑 수납. 단 가구의 배치에 주의

바닥 밑을 활용한 수납 위에는 가구를 둘 수 없다

넓은 수납공간이 매력적인 바닥밑 수납. 부엌이나 침실 등에 설치하면 식료품의 저장이나 평소에 쓰지 않는 아이템의 수납에 편리하다. 단, 바닥밑 수납의 위에는 가구를 둘 수 없기 때문에 가구의 배치에 제한이 생긴다는 단점도 있다. 또 무거운 것을 꺼내고 넣는 것도 힘들기 때문에 둘 수 있는 물건이 제한적이다. 따라서 바닥밑 수납을 만들 때는 무작정 수납공간을 늘리지 말고 활용 목적에 대해 구체적으로 정해 놓고 위치와 크기를 결정해야 한다.

정리가 잘된 집은 이것이 다르다

수납 계획을 생각할 때는 우선 가족의 하루 생활을 생각하고 어느 방에서 무엇을 하는지를 파악하자.
각 공간별로 필요한 것을 보기 쉽고, 꺼내기 쉽게 정리하기 위한 수납 아이디어를 모았다.

081_ 붙박이 수납은 높이와 폭에 주의

벽을 수납에 이용하는 벽면 수납은 바닥에서 천장, 벽의 바닥에서 바닥까지 빠지지 않고 수납에 활용할 수 있기 때문에 수납공간이 엄청 커진다. 한정된 공간을 충분히 활용할 수 있고 보기에도 산뜻한 마감이 된다. 벽 가득히 장을 설치하면 장과 벽이 일체가 되어 보다 깔끔하게 보이지만, 반대로 어중간한 사이즈로 상부나 좌우에 틈이 생겨버리면 압박감을 주어 공간을 좁아 보이게 하기 때문에 주의해야 한다. 문의 색을 벽과 같은 색으로 하거나 같은 마감재를 사용하는 등 가능한 한 벽과 일체화시키는 것이 포인트다.

1 벽 한쪽을 붙박이 수납으로 - 아래의 수납을 허리 높이로 하여 압박감을 줄이고 전화기 등을 두는 공간을 확보했다. **2** 벽 한쪽 전체를 하얀색의 수납장으로 공간을 확보한 디자인. 답답함을 줄이기 위해 슬릿한 창에서 빛을 끌어들이고 밝은 공간으로 완성했다. **3** 어중간한 높이나 폭의 벽면 수납을 만들면 압박감으로 방이 좁게 느껴지기 때문에 주의해야 한다.

082_ 벽면 수납은 방의 한쪽 면으로만

벽면 수납은 공간을 개방감 있게 보이게 하는 데에 효과적이지만 1실에 2~3면을 수납으로 해버리면 답답한 느낌을 준다. 또 벽면 수납의 앞에는 가구를 둘 수 없기 때문에 가구의 레이아웃이 한정되는 단점도 있다. 사용하기 쉽고 답답함이 없는 수납을 위해 벽면 수납은 가능한 방의 한쪽 면에만 두는 것이 좋다.

1, 2 '실내에 물건을 내놓고 싶지 않다'는 계획의 수납이다. 오디오나 TV도 모두 하얀 벽면수납 안으로 넣었다.

083_ 시선보다 낮게 만들어 압박감을 줄인다

수납의 효율성을 위해서는 벽 한쪽 전체를 수납으로 쓰는 것이 가장 좋지만 압박감이 신경 쓰이는 경우도 있다. 그럴 때는 허리 높이 창의 아래까지의 높이(약 80cm), 또는 섰을 때 수납장의 위로 시선이 가는 정도의 높이(약 120cm)로 낮추면 압박감이 줄어든다. 높이는 낮추고 좌우의 폭은 확장하여 방의 폭 가득히 만들면 깔끔한 분위기를 연출할 수 있다.

1 약 3.5평의 거실이지만 허리보다 낮은 위치에 수납장을 두어 공간에 여유가 느껴진다. **2** 붙박이 수납의 높이를 낮게 해 시선이 넓어지고 널찍한 느낌을 준다. 붙박이장의 수납은 가볍게 걸터앉는 용도로도 사용할 수 있는 높이이다.

084_ 수납장의 폭은 20~30cm로 충분하다

장의 폭이 깊다고 해서 편리하다고만은 할 수 없다. 너무 깊으면 안쪽에 둔 물건이 앞에 둔 물건에 가려 보이지 않는 일도 잦기 때문에 주의하자. 장 폭의 기준은 20~30cm. 이 정도만 있으면 거실에서 읽는 잡지나 일용품, 장난감도 꺼내기 쉽게 정리할 수 있다.

1 거실의 한쪽 구석에 공간을 압박하지 않는 정도로 폭이 얕은 선반을 설치. 천장 높이까지 설치하여 천장이 더 높게 느껴진다. **2** 거실 수납의 폭은 20~30cm가 기준이다. 수납되는 물건에 맞아 보기에도 깔끔하고 좋다.

085_ 거실에 장난감 전용의 공간도 준비하자

아이가 아직 어리다면 거실에서 놀게 하는 집이 많을 것이다. 장난감 수납 장소가 아이방에만 있으면 꺼내고 넣기가 불편하여 거실이 잘 정리가 안 되고 스스로 정리하는 습관도 들지 않는다. 거실 구석의 낮은 위치에 장난감 전용공간을 두어 아이가 스스로 정리할 수 있도록 하자.

086_ 폭 45㎝라면 컴퓨터 책상으로 쓸 수 있다

가족이 함께 컴퓨터를 사용하는 가정에서는 거실의 컴퓨터 공간을 설치하는 경우도 많다. 공간을 확보하는 것이 어려울 때는 수납장의 일부를 책상 대신으로 사용하는 것도 하나의 방법이다. 폭이 45cm 정도만 되어도 (허리 높이의 위치에 있으면) 노트북을 둘 수 있다.

1 가정에서 사용하는 컴퓨터를 거실 한쪽 코너에 계획. **2** 컴퓨터 한 대분의 폭을 서재 코너로 계획. 컴퓨터를 둘 수 있을 만큼의 폭으로 작은 서재가 완성됐다.

087_ 아이가 어리다면 거실에 옷을 갈아입는 수납공간을

어린아이는 자주 옷을 갈아입혀야 할 일이 많다. 옷을 갈아입힐 때마다 일일이 아이방으로 옷을 가지러 가자면 적잖이 귀찮고 피곤하다. 아이가 어릴 때는 거실 옆에서 옷을 바로 갈아입힐 수 있도록 공간을 확보하자.

1, 2 눈에 띄지 않는 장소에 외출용품의 수납 장소를 – 현관이나 식당·부엌에서는 보이지 않는 거실의 구석, 현관에 가까운 위치에 수납코너를 만들어 아이의 외투 등을 수납한다.

088_ 일용품은 문이 달린 얕은 수납에

손톱깎이나 구급상자, 펜과 메모지 등 가족 모두가 쓰는 일용품은 어디에 무엇이 있는지 금방 알 수 있는, 꺼내기 쉽고 정리하기 쉬운 장소에 두는 것이 중요하다. 문이 달린 수납공간을 두어서 자잘한 것들은 상자나 서랍에 정리해 두자. 문을 열면 한눈에 내용물을 알 수 있도록 상자나 서랍에 라벨을 붙여두면 더욱 편리하다.

1 어질러지기 쉬운 자잘한 물건들은 시중에서 판매되는 수납함에 라벨을 붙여 깔끔하게 정리한다. 2 거실의 붙박이 수납에 아이의 잡화나 학용품, 책가방까지 수납. 가족들이 각자 직접 정리할 수 있도록 안이 보이는 투명한 수납함을 준비했다. 3 수납문을 여닫이로 하면 앞의 공간이 쓰기 불편해지고 가구의 레이아웃도 제한을 받기 때문에 불편하다. 4 식당의 주변 아이템을 한 번에 정리할 수 있는 대형 붙박이장. 미닫이로 해서 수납장 주변을 활용하기에도 편리하다.

089_ 여닫이문보다는 미닫이문을 추천

거실 수납에 문을 달 때는 앞에 여분의 공간이 필요한 여닫이보다는 미닫이를 권한다. 문을 연 채로 작업해도 문의 모서리에 머리를 부딪치는 걱정이 없다.

090_ CD나 비디오는 사이즈를 맞추어

CD나 비디오는 크기가 정해져 있기 때문에 딱 맞는 사이즈의 수납장으로 정해 공간을 절약한다. 시중에 판매되는 전용 렉을 이용하는 것도 방법이다. 시중에 판매되는 박스의 사이즈에 맞추어 수납장을 짜서 수납하면 정리가 쉽고 꺼내기도 쉬운 수납이 된다.

1 처음부터 음향·영상기기의 수납을 생각하여 사이즈에 맞는 장을 붙박이로 달았다. **2** 바퀴가 달린 시중에 판매되는 CD렉에 맞추어 벽면을 도려냈다. **3** TV나 DVD데크, 비디오데크 등은 독창적인 TV장에 정리해 깨끗하게. 서랍에는 프로그램류를 수납. **4** 시중에 판매되는 CD박스 등의 사이즈를 맞추어 장을 짜면 보기에도 깔끔하게 정리할 수 있다.

091_ 보이는 수납으로 계절을 연출한다

거실은 가족이 모이고 또 손님을 맞이하는 장소이기도 하다. 취미로 모은 물건을 장식하거나 꽃이나 장식품을 두는 공간이 있으면 그 집만의 분위기를 연출할 수 있다. 붙박이장의 일부를 문이 없이 오픈하여 '보이는 수납'으로 하는 것도 좋은 방법이다. 가능하면 눈에 띄는 장소에 만들면 좋다.

1 부엌의 카운터 아래를 오픈 타입의 장으로. **2, 3** 사각의 니치를 조합하여 만든 장식선반을 식당, 부엌의 한쪽에 배치.

092_ 고령자가 있는 경우 손이 닿는 위치에 수납공간을

서거나 앉기가 힘든 고령자가 있는 집에서는 가능한 한 몸에 부담이 가지 않는 위치에 수납공간을 만들자. 특히 온돌방 등 앉아서 지내는 방에서는 서지 않아도 손이 닿는 위치에 수납공간을 둔다. 작은 벽장이나 낮은 선반을 만들어 그 위에 전화기나 문구를 두면 몸에 부담이 줄어든다.

093_ 잡다한 물건일수록 수납공간을 만들어 둔다

편지나 프린트물, 영수증 등은 무심코 테이블 위에 둔 채 내버려두기 쉽다. 휴지나 약, 읽던 신문, 필기용품 등의 일용품도 어수선하게 두기 쉬운 물건들이다. 이것들에도 위치를 정해두면 훨씬 정리하기 쉬워진다. 수납장의 일부를 문이 없이 오픈해 시중에 판매하는 바구니나 수납함를 넣어 두면 거기에 아무렇게나 넣어두기에 좋다. 종류나 용도별로 바구니를 나누거나 가족 한 사람 한 사람의 전용바구니를 준비하여 간단하게 그룹핑 해두면 나중에 정리하기 편해진다.

1 식당 쪽으로 열린 장을 설치했다. 바구니를 늘어 놓으면 잡다한 물건을 정리하는 데에 편리하다. **2, 3** 식당의 벽면에 짜 넣은 열린 장. 과자나 약 등 일상적으로 필요한 아이템을 바구니에 넣어 수납했다.

094_ 부엌의 레이아웃은 Ⅰ형, Ⅱ형을 추천한다

수납의 편리성이나 공간의 효율이라는 점에서 보면 부엌 카운터의 레이아웃은 심플한 Ⅰ형이나 Ⅱ형이 좋다. L자형이나 ㄷ자형의 레이아웃은 코너 부분을 사용하기 불편하고 어떻게 해도 죽은 공간이 생기게 된다. Ⅰ형, Ⅱ형의 부엌이면 그런 걱정이 없다. 또 카운터 뒤에 수납장이 있으면 요리를 하면서 뒤를 돌기만 하면 수납해 둔 식기나 냄비에 바로 손이 닿는다는 장점도 있다. 조리 중의 동선이 짧고 작업이 부드러우면 작은 부엌이라도 능률이 한층 높아진다.

1, 2 싱크의 아래에 넣은 식기세척기, 설거지 후 식기는 뒷서랍에 수납장에 넣으면 설거지→정리 작업이 부드럽다. **3** (왼쪽)싱크나 조리대의 바로 뒤에 수납고가 있으면 준비도 뒷정리도 쉬워진다. (오른쪽) 쓸모없는 공간이 되기 쉬운 코너 부분.

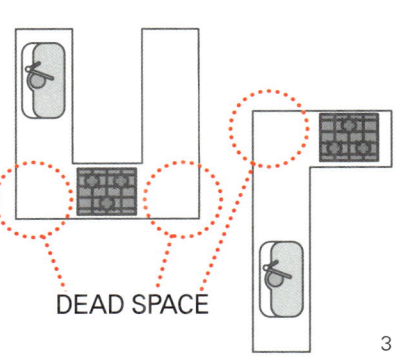

095_ 매단 장에는 여닫이보다 미닫이로

매단 장에는 여닫이보다 미닫이 문을 추천한다. 여닫이는 열어 둔 채 작업하면 문의 모서리에 머리를 부딪치는 일이 잦다. 미닫이 문은 열어둔 채로도 안전하게 작업을 할 수 있고, 지진 등 자연재해에도 문이 열려 내용물이 쏟아지는 경우가 적어 안전하다.

1 식당에서 내부가 보이지 않도록 개구부를 좁게 한 주문 제작 십일자형 부엌.
2, 3 용량이 넉넉하여 식기나 가전제품까지 모두 정리할 수 있다. 미닫이를 닫으면 보이지 않으므로 깔끔하다.

096_ 카운터 아래는 서랍 타입이 편리하다

최근 시스템키친은 카운터 아래에 서랍식 수납이 있는 타입이 주류이다. 여닫이문 타입에 비해 안쪽의 물건을 꺼내기 쉽고 공간을 버리는 곳 없이 사용할 수 있다.

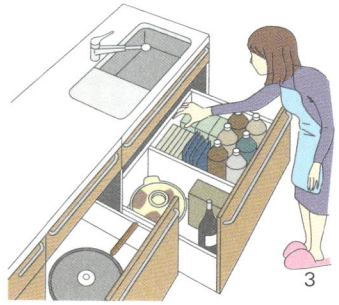

1 조미료병은 세워서 정리하는 깊은 서랍 수납이 편리하다. 냄비나 조리기구도 높이를 측정하여 그에 맞는 수납장을 계획했다. **2** 취미가 요리인 사람들의 로망, 칼 전용 서랍. **3** 슬라이드식 부엌 수납은 안쪽까지 손이 닿도록 만드는 것이 중요하다.

097_ 가전제품은 세로로 나란히 둔다

부엌의 필수품인 전자레인지나 밥솥, 전기포트 등의 가전제품은 공간을 입체적으로 사용하여 세로로 늘어놓으면 깨끗이 사용하기 쉬워진다. 시중에 판매되고 있는 랙을 이용하거나 붙박이장으로 만들자.

4 부엌의 벽면 수납장으로 가전제품을 두는 공간을 확보. 선반별로 서랍처럼 사용할 수 있는 짜임이다.

098_ 시선 높이를 고려하여 동선을 매끄럽고 편리하게

카운터에서 시선 높이까지를 아이레벨이라고 하는데 금방 손이 닿기 쉬운 물건을 보관하기에 편리한 위치이다. 달걀이나 뒤집개 등의 조리기구, 재빨리 사용해야 하는 조미료, 자주 사용하는 물건 등은 이 위치에 두면 편리하다.

1 매다는 장과 카운터의 사이에는 자주 사용하는 조리기구나 조미료를 '보이는 수납'으로 했다. 2 캐니스터(뚜껑 달린 깡통)가 딱 맞는 특수 제작한 수납장. 3 부엌카운터 앞에 만든 폭이 얕은 장. 자주 사용하는 물건을 놓기에 편하다.

099_ 식기장의 폭은 얕게 30~45cm가 편리

식기는 1열로 폭이 얕은 장에 늘어놓고 한눈에 알 수 있도록 정리하면 넣고 빼기가 부드럽다. 폭이 30~45cm만 있으면 밥그릇이나 작은 주발, 컵과 컵받침 등 평소에 사용하는 식기를 수납하는 데 충분하다. 매일 사용하는 식기는 허리를 숙이거나 몸을 뻗지 않아도 닿는 위치에 두자.

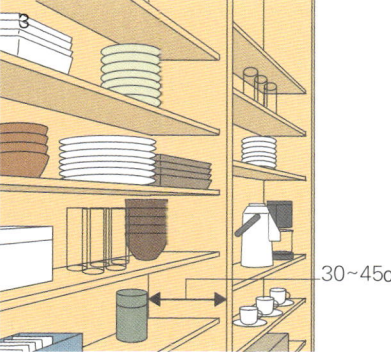

1 넣고 빼기가 편해서 누구나 부엌 일을 쉽게 도울 수 있다. 2 일렬로 늘어 놓은 식기를 한눈에 볼 수 있다. 식기를 한눈에 볼 수 있기 때문에 어디에 무엇을 두었는지 금방 알 수 있다. 3 식기장의 폭은 식기가 앞뒤로 겹쳐지지 않는 정도인 30~45cm가 편리하다.

100_ 부엌에 요리책 두는 장소를 확보

점점 늘어가는 요리책이나 레시피 파일을 책장에 보관하면 일일이 가지러 가기에 번거롭기 때문에 활용도가 떨어진다. 처음부터 부엌 안에 약간의 책을 꽂을 수 있는 전용공간을 확보하자.

101_ 가변성 있는 수납을 설치

아이가 성장하는 시기에 따라 식기나 조리도구도 변해간다. 생활의 변화에 대응할 수 있도록 수납공간은 선반을 빼거나 위치를 변경할 수 있게 해두자. 벽면의 열린 장은 두는 물건의 높이에 맞추어 선반의 위치를 바꿀 수 있고 선반의 갯수를 늘려 수납공간을 늘리기도 손쉽다.

1 조리 중에도 금방 꺼낼 수 있는 장소에 요리책을 보거나 수납할 수 있는 공간을 만들었다. **2** 벽면의 열린 장은 두는 물건의 높이에 맞추어 선반의 위치를 바꿀 수 있다. 선반을 추가해 수납공간을 늘리기도 손쉽다.

102_ 식품저장실과 바닥밑 수납

부엌에는 건어물이나 조미료를 저장하거나, 야채나 쌀 등 부피가 늘어나는 물건을 둘 장소가 필요하다. 안을 걸어 다닐 수 있는 식품저장고가 이상적이지만 공간적으로 어려우면 바닥밑 수납을 권한다.

1 콤팩트한 저장실은 L자형의 장에 바닥밑 수납까지. 2 대용량의 저장실. 3 공간을 절약할 수 있는 미닫이문을 사용 - II자형의 부엌의 막다른 곳에 만든 저장실로 좌우의 벽속까지 충분히 수납할 수 있다.

103_ 급할 때 바로 넣을 수 있는 열린 공간

저장실이나 바닥밑 수납을 만들 수 없는 경우는 카운터 아래를 전부 장이나 서랍으로 하지 말고, 일부를 열린 공간으로 두면 사온 야채나 쌀 등을 우선 둘 수 있어 편리하다. 또 사이즈를 맞추어 카운터 아래에 쓰레기통을 두면 부엌 전체가 깨끗해진다.

1 싱크 아래를 열어 쓰레기통을 두었다.
2 스테인리스로 된 주문제작 부엌의 싱크 밑을 열어 바구니로 공간을 구획해서 쓰고 있다.

104_ 잡동사니가 많은 공간, 모든 물건을 파악하여 공간을 확보

세면실에는 세면용품이나 타올, 목욕용품, 세제, 청소도구, 체중계, 갈아입을 옷 등 생각보다 훨씬 많은 물건을 수납해야 한다. 안 그래도 좁은 장소에 따로 가구를 두지 않아도 되도록 처음부터 필요한 물건의 총량을 파악하여 물건들이 들어갈 수 있는 붙박이장을 계획하자.

1 열린 장과 서랍 수납으로 잡다한 아이템을 수납. **2** 벽면 수납을 바구니로 정리, 미닫이문을 닫으면 깔끔하게 보인다. **3** 세면실은 사이즈나 용도가 다른 잡다한 물건이 많다. 우선은 가지고 있는 물건들을 파악하는것이 중요하다.

105_ 세탁기 위도 수납공간으로 이용

세면실에 세탁기를 두는 경우, 세탁기 위의 공간이 쓸모없어지기 쉽다. 세탁기의 덮개가 부딪치지 않을 정도의 위치에 붙박이장을 만들면 자잘한 물건을 수납하는 데에 편리하다. 드럼식 세탁기면 바로 위에 장을 만들 수 있어 공간을 한층 효과적으로 쓸 수 있다.

1 세탁기를 하얀 타일로 마감한 벽 안에 넣어 보이지 않도록 했다. **2** 세탁기 위에 목재박스를 선반과 맞춰 계획했다. **3** 세탁도 글쓰기도 동시에 가능한 편리한 작업공간.

106_ 세면대 밑은 열린 수납이나 웨건식으로

세면대 아래는 물건을 집기 어렵고 사용하기 불편한 수납 공간이다. 이럴 때에는 아예 문을 떼어내고 선반을 달거나 바퀴 달린 웨건 타입의 수납을 맞추어 넣으면 안쪽의 물건도 꺼내기 쉽고 청소할 때도 편하다.

1 타일 마감한 세면대 아래가 선반 하나로 유용하고 세련된 분위기가 됐다. **2** 습기가 많은 세면대 아래도 웨건 타입이라면 산뜻하게 쓸 수 있다. **3** 둘 장소가 마땅치 않은 자잘한 청소도구나 세제 등을 바닥 밑 수납공간에 넣어두면 예상 외로 편리하다.

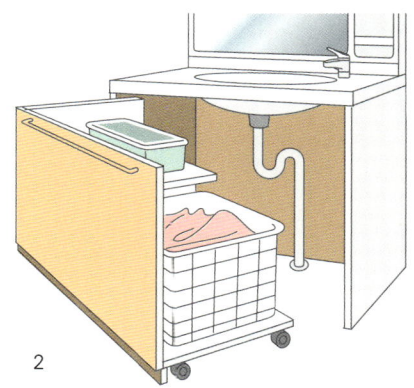

107_ 세탁실에 바닥 밑 수납공간을

바닥 밑 수납은 주로 부엌에서 사용하는 수납이라는 이미지가 있지만 세면실, 세탁실에 적용해도 무척 편리하다. 청소도구나 세제, 샴푸를 넣어두는 등 매일 사용하지 않는 물건, 부피가 큰 물건을 정리해 두면 좁은 공간을 잘 활용할 수 있다.

108_ 자잘한 물건들은 열린 선반에 바구니를 활용

세면실의 자잘한 아이템을 위해서는 열린 선반을 짜 넣고 시중에서 판매하는 바구니나 수납 박스로 정리하는 방법이 좋다. 타올을 보이도록 개어놓을 땐 색을 맞추면 보기에도 아름답다.

1 열린 선반으로 하고 바구니로 통일감을 주었다. **2** 세면대를 민트그린의 모자이크 타일로 마감. **3** 커다란 바구니에 맞추어 짜 넣은 열린 선반.

109_ 좁은 장소일수록 미닫이 문이나 접는 문으로

공간이 좁은 세면실에 수납장을 설치할 때는 앞에 개폐 공간이 필요한 여닫이문보다 미닫이문이나 접이문이 좋다. 또는 열린 선반에 롤스크린을 달아 가리개로 하면 개폐공간도 필요없고, 문 달린 수납장보다 훨씬 비용도 저렴하고 보기에도 깨끗하게 마무리된다.

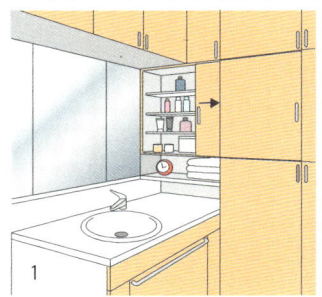

1 세면실에서는 쓸모없는 공간이 발생하는 여닫이보다 미닫이가 공간 활용에 좋다. **2** 사용하지 않을 때는 문을 닫으면 깔끔하다. **3** 세면볼의 아래쪽이나 채광과 환기를 위한 창의 아래쪽도 수납에 활용하자. **4** 세면대 아래는 선반을 달아 작은 물건을 수납할 수 있도록 디자인했다.

110_ 화장실의 손 씻는 곳은 카운터 형태로

최근에는 변기가 점점 소형화되는 추세다. 넓어진 공간에 손을 씻는 볼을 두면, 파우더룸 형태의 기분 좋은 화장실이 된다. 손을 씻는 볼을 카운터 식으로 하고 아래에 장을 두면, 자잘한 물건을 수납하는 공간이 된다. 문은 장소를 차지하지 않는 미닫이를 권한다.

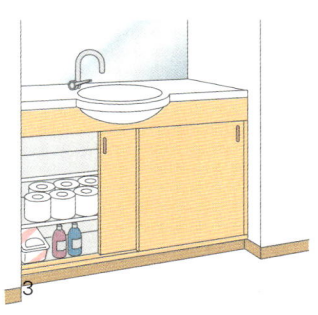

111_ 벽의 두께를 활용한 수납장

수납공간을 확보하기 어려운 화장실이지만, 세제나 청소도구, 화장지의 수납장이 있으면 청소나 휴지를 보충할 때에 가지러 가는 수고를 덜 수 있으니 편리하다. 벽의 두께를 이용하여 폭이 얕은 장을 설치하면 별도로 공간을 쓸 일 없이 필요한 물건을 정리할 수 있다.

1 화장품 등의 자잘한 유리병 수납에 편리한 벽면 수납. **2** 계단 아래의 공간을 화장실의 수납고로 활용. **3** 벽의 두께를 이용한 수납은 공간을 차지하지 않고 답답한 느낌도 없으므로 좁은 화장실에 추천한다.

112_ 현관에는 세로로 긴 수납장이 있으면 편리

현관에는 가드닝용품이나 아웃도어용품, 목공도구, 골프가방이나 스키용품 등 다양한 물건이 모이게 마련이다. 수납공간을 확보하지 않으면 현관 바닥까지 물건이 넘쳐서 출입할 때 복잡함이 이만저만이 아니다. 현관은 집의 얼굴. 항상 아름다운 공간으로 지키기 위해서는 이 물건들이나 가족들의 신발을 넣어둘 수 있는 세로로 긴 수납이 있으면 편리하다. 거기다 수납장 안에 행거파이프를 설치하면 부피가 큰 코트 등을 넣어둘 수도 있다.

1 현관의 대형 수납 - 복도까지 타일 마감으로 한 개방적인 현관. **2** 현관 옆에 신발, 우산, 아웃도어용품을 전부 넣을 수 있는 대형 수납고를 설치, 현관 전체를 하얗게 마감해서 넓어보이도록 했다. **3** 서랍식의 행거파이프나 청소도구를 매달아 세울 수 있는 바 등을 설치하면 더욱 편리하게 사용할 수 있다. **4** 현관의 세로로 긴 공간을 이용하여 충분한 물건을 넣을 수 있는 수납고를 확보하자.

113_ 한눈에 물건들을 파악할 수 있는 I형이나 II형으로

현관에 수납고를 설치할 때는 한눈에 무엇이 들어 있는지를 파악할 수 있는 I형, II형의 배치를 추천한다. 폭을 신발 사이즈에 맞춘 대형 선반이 있으면 구두나 잡다한 물건을 정리하기에 편리하고, 어디에 무엇이 있는지 일목요연하게 정리된다.

1 I형의 열린 선반으로 심플하게 디자인.
2 신발장은 자연광이 들어오는 밝은 공간으로 문을 달지 않아 비용을 절약했다.
3 현관에서부터 같은 높이의 바닥으로 연결되는 신발장.

114_ 봉당에서 직접 들어갈 수 있는 신발장

공간에 여유가 있으면 봉당에서 직접 들어갈 수 있는 신발장을 권한다. 가드닝도구나 스포츠용품 등 더러운 것을 신경 쓰지 않고 넣어둘 수 있다. 바닥을 플랫하게 해두면 무거운 물건을 옮겨올 때에 편리. 냄새가 잘 빠지지 않기 때문에 루버창이나 환풍기, 환기구를 달자.

115_ 복도의 벽두께는 책장으로 활용

목조 기둥보공법으로 지은 집의 경우 기둥과 기둥의 사이에 벽 두께만큼의 공간이 생긴다. 폭은 그다지 넓지 않지만 문고본 정도의 책을 꽂아두기에는 충분한 두께이다. 복도의 벽두께를 책장으로 활용하면 꽤 많은 책을 넣을 수 있고, 복도를 단순히 지나가는 공간이 아닌 독서공간으로 활용할 수 있다.

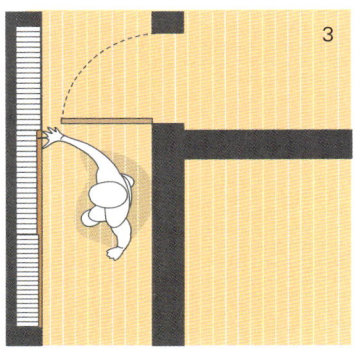

1 오픈계단의 벽면을 대형 서고로 활용. 바닥에서 천장까지 약 5m나 되는 높이의 책장을 계획할 수 있어 수납량도 충분하다. **2** 2층 복도의 벽을 책장으로 활용했다. **3** 벽 두께를 활용하여 복도의 벽 전면을 책장으로 하면 꽤 많은 수납공간을 확보할 수 있다.

116_ 작은 카운터로 여유를 연출

현관에 충분한 수납공간을 확보하는 것도 중요하지만 거기다 작은 카운터나 니치 등을 두어 소품이나 꽃을 디스플레이 할 수 있는 공간을 만들면 현관에 여유가 더해진다.

1 높이를 낮추어 답답함이 느껴지지 않는 장식장겸 신발장. 위에는 갤러리의 느낌으로 소품을 디스플레이 했다. **2** 빛이 드는 창 앞에 화분을 장식하여 현관을 밝게. **3** 장식하면서 수납할 수 있는 열린 선반장.

117_ 계단 아래의 데드스페이스를 활용

계단 아래의 데드스페이스는 수납에 최적의 공간. 폭이 꽤 깊기 때문에 선반이나 행거파이프를 달거나 시중에 판매되고 있는 수납박스를 활용하여 잘 사용해 보자. 문을 달아 세탁기 두는 곳으로 하는 것도 한 가지 방법이다. 세제 등도 함께 이곳에 수납하자.

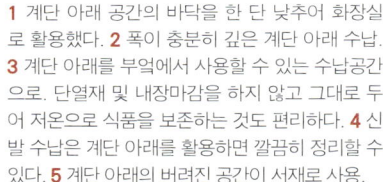

1 계단 아래 공간의 바닥을 한 단 낮추어 화장실로 활용했다. **2** 폭이 충분히 깊은 계단 아래 수납. **3** 계단 아래를 부엌에서 사용할 수 있는 수납공간으로. 단열재 및 내장마감을 하지 않고 그대로 두어 저온으로 식품을 보존하는 것도 편리하다. **4** 신발 수납은 계단 아래를 활용하면 깔끔히 정리할 수 있다. **5** 계단 아래의 버려진 공간이 서재로 사용.

118_ 붙박이장은 필요한 폭을 계산하여 각각 다르게

서재나 아이방에 붙박이장을 설치할 때는 처음부터 넣을 물건을 정하고 필요한 폭을 계산하자. 예를 들어 책의 경우 단행본이면 20cm, 문고본이면 11cm의 폭만 있으면 충분하다. 폭이 너무 넓으면 안의 것이 보이지 않아 사장품이 되어버리니 피하자.

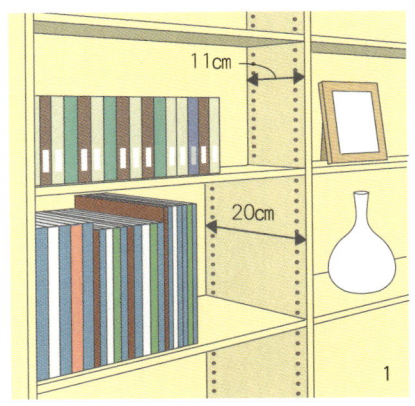

1 붙박이장은 넣을 물건을 꼼꼼하게 정해 필요한 만큼의 깊이로 계획한다. 이렇게 하면 쓸모없는 공간 낭비를 없애고 거실을 넓게 쓸 수 있다. **2** 높은 천장의 공간을 책으로 덮어버리는 대형책장. 폭을 얕게 하여서 꽂아둔 책을 한눈에 파악할 수 있다. **3** 책부터 잡다한 물건까지 전부 정리할 수 있는 벽면 수납.

119_ 침실에 TV를 둔다면 처음부터 계획하자

침실에서 TV나 DVD를 보고 싶다면 기기를 두는 장소에 대해서도 생각해야 한다. 붙박이장을 만들어 TV나 데크를 두면 공간 전체를 깔끔한 분위기로 연출할 수 있다. 특히 인기가 있는 얇은 벽걸이형 TV를 걸고 싶을 때는 처음부터 가구의 배치를 생각해 벽을 보강할 필요가 있다.

120_ 한쪽 벽 전체를 옷장으로 하고 싶을 때는 가구의 배치도 생각하자

침실에 대형 옷장이 있으면 의류의 수납이 편리하다. 단, 벽면을 옷장으로 하면 앞에 침대 등을 둘 수 없어지므로 주의하자. 문을 미닫이로 해도 앞에 가구가 있으면 물건을 꺼내기 힘들고 서랍장을 열 수 없는 경우도 있다. 가구와 가구의 사이에 필요한 공간을 고려하여 설계 단계부터 가구배치를 생각하자.

1 옷장이나 바닥까지 내려오는 창 앞에는 침대나 수납장을 둘 수 없으니 주의하자. **2** 3장의 미닫이를 조합한 전면 폭 2.9m의 옷장. **3** 공간을 잘 활용할 수 있는 미닫이문. **4** 침실+드레스룸으로 침실공간을 확보.

121_ 아이방의 수납 위치는 한번 더 생각하자

아이방의 수납은 아이의 시선으로 생각해야 한다. 아이의 손이 닿지 않는 장소에 수납장이 있으면 항상 보호자의 손길이 필요하므로 스스로 정리하는 습관이 들지 않는다. 또 수납공간이 너무 커도 정리하기 어렵기 때문에 적절한 크기의 공간을 여러 개로 나누어 확보하는 것이 좋다.

1 다섯살 남자 아이가 스스로 정리할 수 있는 붙박이 수납장. 그림책을 보면서 정리하는 열린 선반도 재미있는 아이디어다. **2** 아이의 키를 고려한 수납 배치의 예. **3** 거실의 벽면수납이 아이의 공부 공간으로 변신.

122_ 다락을 침실이나 놀이방으로

아이방에 다락이 딸려 있으면 다양한 공간으로 활용할 수 있다. 단, 다락은 열기가 잘 빠지지 않기 때문에 통풍을 위해 창이나 환기구 등 적절한 계획이 필요하다. 또 사다리로 오르내리는 경우가 많기 때문에 오르내리기 어려운 무겁고 큰 물건의 수납에는 적합하지 않으니 고려해 두자.

1 다락을 둘 때는 창이나 통풍구로 채광과 통풍을 확보해 주자. **2** 어릴 때는 수납고로, 크면 침실이 되는 다락. **3, 4, 5** 각자 개인방을 갖고 싶어하는 아이들을 위해, 다락을 두어 침실로 사용한 아이디어.

123_ 옷장은 조절하기 쉽게 만든다

아이의 물건은 성장하면서 달라진다. 아이방의 옷장은 조절하기 편리하게 만들 것을 권한다. 예를 들어 행거파이프를 받치는 철물을 간단히 뺄 수 있는 타입으로 해두면 높이조절이 가능하다. 또 아이가 어릴 때는 미끄러짐이 좋은 레일로 미닫이문을 가볍게 움직일 수 있도록 하는 등 배려하자.

◀◀ 가볍고 내용물이 잘 보이는 와이어 바구니는 넣고 꺼내기 쉬워 아이방의 수납에 딱 맞는다.
◀ 잡다한 아이템이 많고, 공간도 한정되어 있기 때문에 수납고의 문은 미닫이를 추천. 선반을 이동식으로 하거나, 수납가구를 더해 안을 정리하면 좋다.

124_ 이동식 수납가구로 방을 나누다

아이가 둘 이상인 집에서는 이동식 수납가구로 방을 구분하는 아이디어를 추천한다. 둘 중 한쪽을 넓게 하고 싶을 때는 가구를 움직이면 된다. 아이가 독립한 후에는 바로 원룸으로 되돌릴 수 있다. 처음부터 문을 양쪽에 두 개 달아두면 더욱 쓰기 편하다.

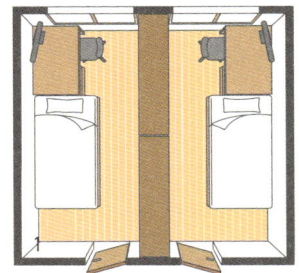

1 짝을 맞춘 책상이나 옷장 등을 조합한다. 칸막이용 가구는 뒤쪽의 디자인과 마감해 고려한다. 2 가구로 방을 나누어 하나의 방을 넓게 쓴다. 왼쪽 사진의 바로 앞이 작은 딸의 공간, 가구로 나눈 안쪽이 큰딸의 공간이다. 3 2층 침대로 아이방을 2실로 구분 - 아이방의 중앙에 2층 침대를 두어 좌우로 개인공간을 나눈 배치다. 커튼으로 시선도 가릴 수 있다.

125_ 1~1.5평의 공간에서는 II형 수납을

인기가 높은 드레스룸은 중앙에 통로가 있고 양쪽에 장이나 행거파이프를 설치한 II형 레이아웃이 이상적이다. 꺼내기 쉽고 정리되어 있는 물건을 한눈에 파악할 수 있어 매일 코디하기에 수월하다. ㄷ자형이나 L자형의 레이아웃은 코너에 쓸모없는 공간이 생기기 때문에 피하는 것이 좋다. 또 어중간한 공간을 드레스룸으로 나누면 오히려 쓰기 불편하기 때문에 최소한 1~1.5평의 공간은 필요하다. 옷을 걸기 위해 필요한 행거스페이스의 폭은 55~60cm가 기준이다. 평면을 계획할 때는 사람이 다니는 통로 폭은 55cm 이상 필요하다. 안에 장을 넣을 때는 통로 폭은 70cm로 하는 것이 효율적이다.

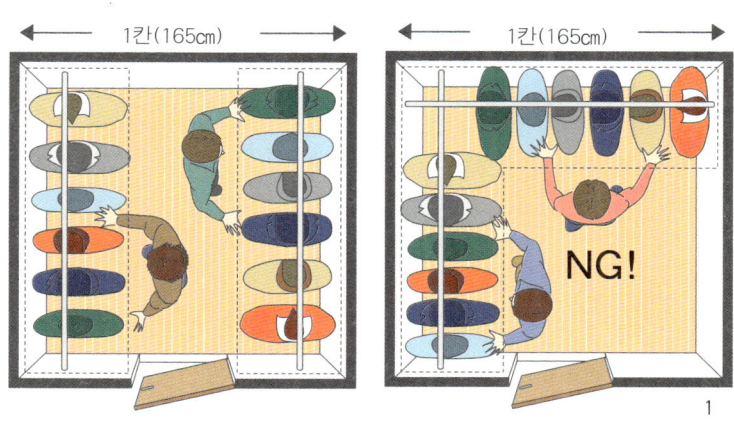

1

2　　3

1 (왼쪽) 폭 1칸(유효치수 165cm) 정도면 양쪽에 파이프를 걸고 중앙에 통로를 확보할 수 있다. (오른쪽) L자형에 행거파이프를 매달면 코너 부분은 꺼내기가 어렵다. **2** 폴과 수납케이스를 적절히 조합하여 많은 양의 의류를 수납했다. **3** 옷의 모양이 흐트러지지 않기 위해서는 행거의 폭이 55~60cm 필요하다.

126_ 갖고 있는 가구를 모두 옷방으로 배치

혼수가구 등 인테리어에 맞지 않는 장 종류를 활용하고 싶을 때는 옷방에 넣을 수 있도록 처음부터 사이즈를 맞추어 설계하도록 한다. 장을 전부 옷방에 넣어 정리하면 다른 실내공간을 깔끔하게 사용할 수 있다. 또 옷방의 수납 활용도 높아지고 장이나 서랍 등을 별도로 설치하는 비용도 절약할 수 있다.

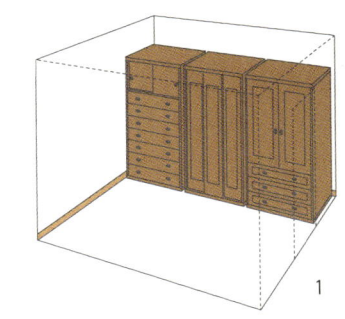

127_ 폭이 얇은 벽장은 이불수납 등으로 유연하게 활용

이불 수납에 편리한 벽장도 충분한 폭과 천장 밑까지 모두 쓴다. 이불을 둘 곳이 마땅치 않다면 폭이 얇은 벽장을 설치하는 것도 방법이다. 이불은 벽장에 두는 것이라고 단정 짓지 말고, 천장까지 옷장을 늘려 장 선반을 3단 정도 설치하면 효율성이 높은 공간이 된다.

1 갖고 있는 장을 옷방에 전부 넣어버리면 장을 만드는 수고를 덜 수 있다. 2 갖고 있는 장을 그대로 활용하여 가족의 의류를 가득 수납한 1.5평 정도의 옷방. 3, 4 문이나 미닫이를 달지 않고 롤스크린으로 칸을 나누어 편리성을 높이고 비용도 절감했다. 이불을 두는 공간의 폭은 90cm이다.

128_ 파이프+수납케이스로 공간을 활용

옷방의 높이를 잘 사용하지 않으면 모처럼의 공간을 활용하지 못하고 불편한 수납이 되어버린다. 위쪽에는 행거파이프를 달고 아래쪽에는 시중에 판매되는 수납장을 두어 작은 물건을 정리하면 저렴한 비용으로 공간을 낭비하지 않고 쓸 수 있다.

1 바퀴 달린 케이스는 계절별 옷을 바꿀 때도 편리. **2** 현관 구석에 설치한 신발장. 장이나 박스를 이용해 신발은 물론 의류나 가방까지 효율적으로 정리했다. **3** 시중에 판매되는 수납박스 등을 조합하여 버리는 공간 없이 활용했다. **4** 비디오 테잎 등을 넣어둘 수 있는 다다미 밑 수납.

129_ 다다미 아래 공간도 활용한다

다다미방을 30cm 정도 높이면, 그 아래를 대형 수납고로 활용할 수 있다. 행사도구나 스키용품 등 1년에 몇 번밖에 사용하지 않는 물건을 넣어두면 편리하다. 가로 세로 90cm의 다다미 반 장으로 하면 올리고 내리기에도 편하다.

130_ 시스템수납은 라이프스타일에 맞추어

낭비 없이 사이즈나 모양을 바꾼다

시스템 수납가구의 구입을 생각하고 있다면 설계단계에서 상담하는 것이 가장 좋다. 목수가 제작해 주는 수납가구는 공간에 딱 맞게 만들어지는 것이 장점이다. 단, 장래에 바꿀 필요가 있을 때 전부 부수지 않으면 안 되는 경우가 많고 비용 면에서도 부담이 크다. 이런 변화에 대응할 수 있는 것이 시스템수납. 부품을 조립하여 완성하는 타입은 낭비 없이 사이즈나 형태를 변화시키기에 유용하다.

어떤 수납이 필요한지 우선 정리

수납가구를 구입하는 사람은 디자인이나 기능성에 여러 가지 자신만의 생각을 가지고 있다. 다양한 기호에 대응하고 수납 아이디어나 공간에 맞는 시스템수납을 제안하는 것이 시스템가구 디자이너의 역할이다.

"실제로 상담을 하러 오시는 분은 '무엇 때문에 불편한지', '무엇을 원하는지'를 스스로 파악하고 있지 못한 경우가 많아요." 가구 디자이너의 어려움이다. 한마디로 '수납이 부족하다'고 해도 수납가구 가운데 어떤 곳에 어떤 크기의 공간이 부족한지, 단순히 공간의 문제인지, 수납장의 형태의 문제인지, 또는 지금 가지고 있는 가구를 새집에서 그대로 활용할 것인지, 새로 사서 부족한 것을 채울 것인지, 무엇을

넣어두고 무엇을 장식할 것인지, 사용 빈도는 많은지, 적은지 등 수납계획에 필요한 모든 정보를 물어 객관적으로 정리하는 것도 설계자의 중요한 일이다. 실제로 시스템수납을 주문할 때는 우선 무엇을 넣어둘 것인지를 구체적으로 정리해야 한다. 노트에 먼저 수납에 관련된 고민을 써보자. 고민에 대해서 세세하게 정리할 필요는 없고, 부엌의 쓰레기통의 위치를 정할 수 없다, 시스템 수납가구를 넣고 싶은데 가족의 의견이 일치하지 않는다 등의 막연한 내용으로 정리해도 좋다. 현 상황을 정확하게 전하기만 해도 설계자는 문제해결을 위한 조언을 줄 것이다. 오히려 잡지 등에서 발견한 디자인이나 기능을 스크랩하여 '이대로 해주세요'라고 주문하면 나중에 공간에 맞지 않고 사용하기 불편해지는 경우가 많다. 지나치게 세세한 기능을 가진 수납가구는 실제로는 사용하기 불편한 경우가 있다. 너무 아이디어에 구애되지 말고, 근본적인 해결로 눈을 돌리자.

최근 인기가 높은 것은 대형 TV에 맞춘 TV장식장, 특히 벽에 설치하는 얇은 플라즈마 TV에 맞춘 거실장을 주문하는 사람이 많다고 한다. 이런 경우 거실공간에 디자인을 맞추어 AV기기 등의 배선도 포함하여 말끔히 정리할 수 있는 것도 주문가구만의 특징이라고 할 수 있다. 또한 시스템 수납가구를 선택할 때는 자재의 친환경성, 안정성 등을 고려하는 것도 중요하다.

1 얇은 TV를 넣어 짠 거실장 시공의 예. 벽 전체를 시스템 수납가구로 디자인하여 답답한 느낌을 없애고 깔끔한 인상을 준다. 2 시스템가구로 거실에 컴퓨터 책상을 확보하고 슬라이드식 서재를 짜 넣었다.

작은 집에 어울리는 수납·정리의 기술

집을 짓는다는 것은 설렘만큼 오랜 고민과 경제적인 부담을 감내해야 하는 일이다. 그렇지만 정해진 금액 안에서 땅 구입과 시공, 설계까지 완성해야 하므로 집짓기를 기회로 물건을 적게 갖고, 심플한 생활로 변화해 보자. 수납 카운셀러에게 그 비결을 물어보았다.

131_ 정리수납의 5단계로 생활을 돌아보자

라이프스타일이 변하면 수납의 상태도 변한다. 이사나 신축, 리폼할 때에 정리수납의 5단계로 생활을 돌아보자. 집이 정리할 수 없을 정도로 복잡해졌을 때에도 이 5단계를 활용하자. 신축은 처음부터 수납계획을 세울 수 있기 때문에 자신의 마음에 꼭 맞는 수납공간을 만들 수 있는 절호의 찬스다. 아래는 집짓기의 스케줄에 맞춘 각 단계의 실천방법이다.

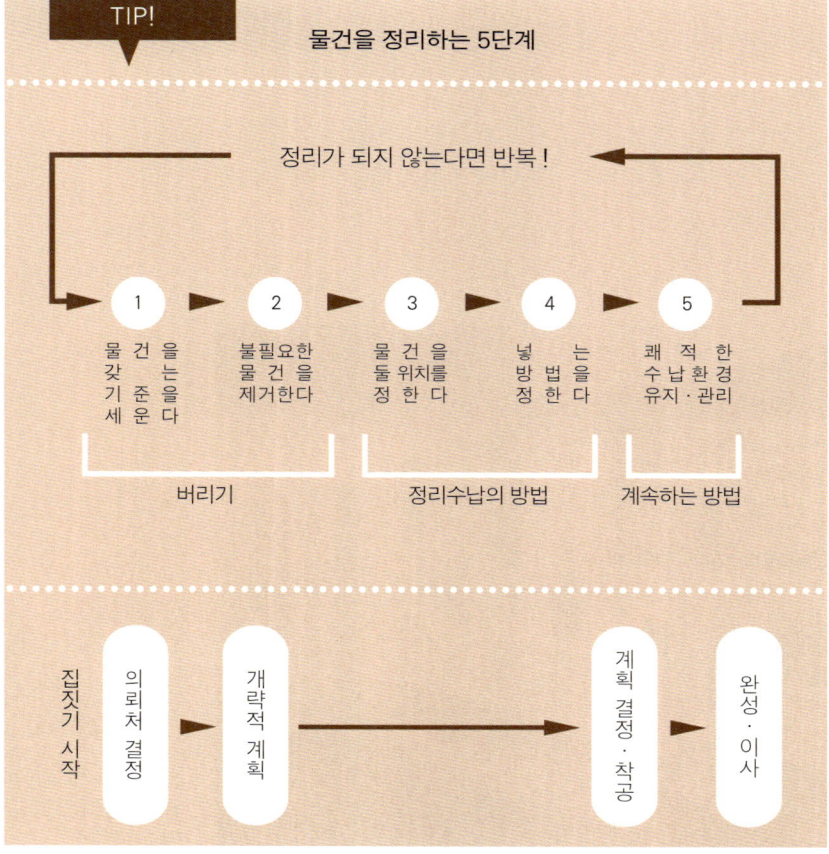

132_ step1 (집짓기를 의뢰하기 전에) 물건을 수납하는 기준을 세운다

생활의 군살은 없는지 체크

첫 단계는 우선 갖고 있는 물건을 다시 돌아보고 앞으로의 생활에 필요한지를 판단하는 것이다. 정리수납이 잘 되지 않는 원인 중 하나는 수납공간에 비해서 물건이 많기 때문이다.

라이프스타일이 바뀌었음에도 필요없는 예전의 물건을 계속 가지고 사는 경우가 많다. 그러니 물건을 꺼내고 넣기에 손이 많이 가고, 청소도 어려워지는데다가 물건이 넘쳐 생활 공간이 좁아져버린다. 삶도 군살을 빼고 가벼이 할 필요가 있다.

집짓기를 마음 먹었다면 우선 갖고 있는 물건을 체크하기 시작하자. 새로운 집에서는 어떤 삶을 살고 싶은지 구체적으로 머릿속에 그려보면서 '앞으로도 갖고 있고 싶은 물건', '어느새 필요없어진 물건'을 구분하자.

필요한지 필요없는지는 과거형과 미래형으로 자문자답 해본다

정리수납이 서툰 사람 중에는 필요·불필요의 판단이나 물건을 처분하는 것을 잘 못하는 사람이 있다. 확실히 물건을 버릴 때는 죄책감이 따라온다. 그래서 이 단계에서는 많은 시간을 들이는 것이 좋다. 그렇게 노력을 들여 정리해야만 다음부터 맹목적으로 물건을 늘이지 않게 된다.

판단의 포인트는 '얼마나 오랫동안 이 물건을 쓰지 않았나? 눈에 보이지 않은 후로 몇 번이나 그 물건을 필요로 했었나?' 이렇게 자문해 보는 것이다. '나중에 쓸지도 몰라'라고 생각되는 물건은 '나중에 언제?' 라고 구체적으로 자문해 보자. 답이 없다면 미래에도 사용하지 않을 물건이다. 언제 사용할지 알 수 없는 물건에 공간을 줄 필요가 있을까? 필요할 때 필요한 만큼만 구입하는 편이 공간이나 비용 등 여러 가지 면에서 효율적이다.

133_ step2 (설계 중에) 불필요한 물건을 버린다

분류하려 하지 말고 불필요한 물건을 솎아낸다

새로운 집에 가져가는 물건의 기준이 정해지면, 뜸들이지 말고 불필요한 물건을 버리는 2단계로 나아간다. 여기서의 포인트는 갖고 있는 물건을 필요·불필요로 분류하는 것이 아니라, 불필요한 물건만을 뽑아내는 것이다.

물건을 분류하려고 하면 일단 전부를 꺼내지 않으면 안 되고, 작업이 끝날 때까지 정리가 안 되는 상황에 빠지기 쉽다. '솎아내는' 느낌으로 불필요한 물건만을 꺼내면 적은 시간에도 할 수 있다. 몇 년에 걸쳐 쌓인 물건이 단시간에 정리될 리가 없다. 하루에 체크할 수 있는 범위를 정해서 일부분씩 솎아내자.

버릴 수 없는 이유를 확실히 정의한다

새로운 생활에서는 불필요하다는 판단이 되어도 버릴 수는 없다고 느끼는 그런 물건이 나올지도 모른다. 그럴 때는 버릴 수 없는 이유를 생각해 보자.

버릴 수 없는 이유는 사람마다 물건마다 제각각이다. 그래도 하나씩 손에 넣게 된 사연과 필요없어진 사연이 있을 것이다. 그것을 확실히 말할 수 있다면 미련을 끊는 것도 쉬워진다.

아직 써먹을 수 있기 때문에 아까울 때는 재활용센터나 중고장터에 내놓는 방법도 있다. 그렇다고 추억이 있어서 사용하지는 않지만 버리고 싶지 않은 물건은 무리하게 버릴 필요는 없다. 디스플레이를 통해 추억을 되살리며 분위기를 살려낼 수도 있으니까 말이다.

134_ step3 (설계가 나오면) 물건의 위치를 결정한다

'어디에 무엇을 두지?'의 힌트는 '누가 어디서 무엇을 할까?'

집짓기를 의뢰할 곳이 정해지고 1차 설계가 나올 때쯤에는 다음 단계로 나아가자. 3단계는 '물건을 둘 위치를 정하기'이다.

수납을 성공시키는 원칙은 '모든 물건에 집을 준다'는 것이다. '보다 적은 걸음수'와

'적은 동작'으로 되돌릴 수 있는 장소를 수납장소로 하면 물건을 원래의 위치로 돌려놓는 것이 귀찮지 않다. 최단거리로 물건을 꺼내고 넣을 수 있다는 것은 사용하는 물건이 사용하는 장소에 있다는 것이다. 즉, '어디에 무엇을 둘지'는 '누가 어디에서 무엇을 할지'로 정해지는 것이다.

가족의 행동을 평면도에 선으로 그려보자
그럼, 1차 설계대로 평면도 위에 물건을 둘 장소를 계획해 보자.
우선, 평면도에 가족의 하루 행동을 선으로 그려보자. 예를 들어 오전 중에는 〈화장실〉→〈세안〉→〈준비〉→〈아침식사〉→〈출근·등교〉라는 행동을 한다고 하자. 그 행동에 따라 가족이 각자 사용하는 물건을 그 장소에 써 넣는다. 이것이 패턴화한 행동별 물건 분류이다. 이어서 '그 행동'에 따른 물건의 배치를 넣어보자. 이 단계에서 선이 복잡하게 얽히거나, 쓰고 싶은 장소에 쓰고 싶은 물건을 넣는 수납장소가 없는 경우는 평면이 가족의 삶의 방식에 맞지 않는다는 뜻이다. 그렇다면 평면 자체를 다시 생각해 볼 필요가 있다.
또 붙박이 수납뿐 아니라 놓는 가구에 물건을 수납하고 싶을 경우도 평면도상에 가구를 둘 수 있는지를 체크할 필요가 있다. 공간이 부족한 경우뿐만 아니라 창이 너무 많아서 가구를 둘 수 없는 경우도 있기 때문에 이 단계에서 가구의 배치도 포함해서 반드시 체크해 두자.

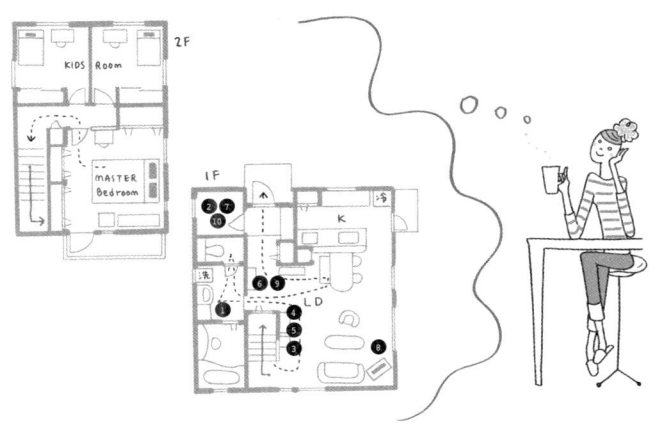

우선순위는 사용빈도로 정한다

사용하는 장소에 수납공간이 있어도 거기에 두고 싶은 물건이 너무 많아서 전부 둘 수 없는 장소가 있다. 그럴 때는 그중에서도 가장 자주 사용하는 물건을 우선으로 넣고 1년에 몇 번밖에 사용하지 않는 물건은 다른 수납 장소로 이동한다.

정리수납 법칙에서는 물건을 꺼내고 넣기 위해 필요한 '걸음수'와 '동작수'를 만족하는 숫자를 '수납지수'로 나타낸다. 지수가 작을수록 편안한 수납이고 많을수록 귀찮게 느껴지는 수납이다. 매일 몇 번이나 사용하는 물건의 수납지수가 크면 모두 합했을 때 매우 큰 지수가 되지만 1년에 몇 번밖에 사용하지 않는 물건의 지수는 커도 수치는 높아지지 않는다. 항상 '수납지수를 낮게 유지한다'는 생각으로 수납한다.

연관수납을 하면 누구나 아는 수납으로

다 읽은 신문과 그것을 묶는 끈, 끈을 자르는 가위가 함께 놓아져 있으면 여기저기에 가지러 다니지 않아도 되니까 적은 수납지수로 사용하는 물건이 모두 모인다. 이처럼 동시에 사용하는 물건을 함께 두는 것을 '연관수납'이라고 한다.

연관수납의 좋은 점은 무언가 행동을 할 때에 필요한 물건이 한 장소에 모여 있기 때문에 누구나 보아도 알기 쉽다는 것이다. "엄마, 끈 어딨어?"라고 묻는 일이 줄고 돌려놓는 장소도 기억하기 쉬워서 가족이 스스로 정리하게 된다.

처분하는 물건, 보류 중인 물건도 두는 장소를 정해둔다

여기까지는 주로 일상에서 자주 사용하는 물건의 놓는 장소에 대해서 설명했지만 집안에는 '언젠가는 처분하겠지만 그때까지 집안에 놔두는 물건'이나 '처분할지 말지의 판단을 보류하고 있는 물건'도 있다. 언젠가 처분하는 물건의 대표는 오래된 신문이나 재활용품 등 이것들을 두는 장소도 확실히 정해두지 않으면 집안이 정리되지 않는다. 원칙은 '모든 물건에 집을 준다'는 것이다. 여기에 더해 아이들을 키우는 가정에서는 앞으로 늘어갈 물건을 미래형으로 생각해 둘 필요가 있다.

생활도구는 그다지 늘어나지 않지만, 아이들의 용품은 점점 더 많아진다. 수납공간을 지금 가지고 있는 물건에 딱 맞추어 만드는 것이 아니라, 여유분으로 20~30% 정도 봐두어도 좋다.

A씨의 행동과 그에 따른 도구의 예

1.	세탁	세탁기, 세제, 세탁망, 브러쉬, 말리는 도구
2.	청소·장식	청소기, 대걸레, 가위, 꽃병
3.	재봉	재봉상자, 다리미용품
4.	교양	문구, 서적, 잡지, 필기도구, 사전, 컴퓨터
5.	교제	편지용품, 필기도구, 우표, 주소록, 봉투, 포장용품
6.	지불	영수증 파일류, 지갑, 컴퓨터
7.	운동	스포츠용품, 타올, 가방
8.	오락	TV, DVD 플레이어, DVD, 여행용품
9.	보건	약, 손톱깎기류
10.	기타	종이봉투류, 접착테이프, 각종 공구

135_ step4 (위치를 정한 후에는) 넣는 방법을 정한다

제일 짧게 꺼내는 것이 원래의 자리로 되돌릴 수 있는 수납의 비결

물건을 두는 장소를 정했다면 다음은 물건을 넣는 방법을 정한다. 스텝4의 키워드는 '수납지수'의 한 요소인 '동작수'를 얼마나 적게 들여 꺼내고 넣을 수 있는지이다. 동작수는 넣어둔 물건을 꺼내고 넣기까지의 동작의 수를 세는 것이다. 예를 들어, 거실의 옷장 속에 뚜껑이 달린 바구니 안에 끈이 있다고 하자. 이 끈을 꺼낼 때 ①옷장의 문을 연다. ②바구니를 꺼낸다. ③뚜껑을 연다. 이렇게 세 번 손이 간다. 상자를 반대의 동작으로 일단 원래대로 돌려놓고 다시 끈을 넣어둘 때 똑같은 동작을 반복하니까, 수납지수는 합계 12라 할 수 있다.

바구니가 아니라 서랍식의 수납으로 바꾸면 ①옷장의 문을 연다. ②서랍을 연다. 의 2회×4로 합계 8이 되어 수납지수를 12에서 8로 줄일 수 있다. 이처럼 가능한 한 동작을 줄이는 것이 편안한 수납이다.

궁극의 넣기 방법은 동작수 제로의 '보이는 수납'이다. 보이지 않으니까 어디에 넣어 두었는지를 생각하지 않으면 안 되는 것이다. 생각하지 않아도 꺼낼 수 있는 것이 가장 편하다. 외관이 용서되는 한에서 제로동작의 넣기 방법을 추천한다.

물건을 넣는 방법은 수납공간의 입면도에 그린다
러프플랜에는 흔히 말하는 방배치라고 불리는 평면도 이외에 정면에서 본 모양을 그림으로 그린 입면도가 있다. 스텝4에서는 수납공간의 입면도를 그리는 일이 중요하다.
예를 들어, 옷장의 안에 어느 정도의 높이에 행거파이프를 달고 선반은 몇 단으로 할지, 벽장의 단 높이는 어떻게 할지, 시중에서 판매되는 수납케이스를 이용할지 등을 안의 수납물을 넣었다고 생각하고 대강의 정면도를 그린다.
설계자는 수납의 내부나 붙박이는 거주할 사람에게 맡기는 편인데, 건축주가 어디에 무엇을 넣을지를 확실히 생각하고 있지 않으면 모처럼의 공간도 활용도가 낮아진다. 또 수납공간의 폭도 활용도에 영향을 주기 때문에 주의하자. 도면을 그리는 작업이 아무래도 서툰 사람은 설계자에게 "저는 여기에 이것을 이와 같이 넣고 싶다"라고 꼼꼼하게 메모해서 전하는 것도 좋은 방법이다. 이 4단계를 얼마나 고민했느냐가 사는 동안의 편리함을 좌우한다.

수납 플랜을 마치면 인테리어 플랜으로
설계도 상에서 수납장소가 정해지면 다음은 인테리어 플랜이다.
실은 인테리어도 설계 단계에서 계획할 필요가 있다. 예를 들어, 그림을 걸고 싶다고 했을 때 픽쳐레일을 달거나, 벽면 보강이 필요한 경우도 있기 때문이다. 또 장식선반을 두고 싶은 경우도 그 벽면을 확보해 두지 않으면 안 된다. 이런 것들로 널브러지지 않은 인테리어도 어울리는 삶이 실현되는 것이다.

136_ step5 (일상에서) 쾌적한 수납의 유지와 관리

어떻게 해도 원래대로 돌려놓을 수 없다면 수정한다

4단계가 끝났다면 이제는 집이 무사히 지어져 이사하기를 기다리는 일만 남았다. 계획대로 물건을 정리하면 되기 때문에 미세한 조정만 하면 유지관리가 된다.
물건의 '집'이 결정되어 있어도 그것을 원래의 자리로 돌려놓을 수 없다면 정리수납은 되지 않는다. 어떻게 해도 원래의 자리로 돌려놓을 수 없는 물건이 나오면 어떤 단계에서 문제가 있었는지를 생각해 보고, 보다 돌려놓기 편하게 궤도수정을 한다. 이런 미세조정을 위해서도 선반의 판을 가동식으로 하는데 선반의 다보구멍을 짧은 간격으로 위에서부터 아래까지 끊어짐 없이 뚫는 등 가변성을 갖게 해두면 좋다.

더 이상 물건을 늘리지 않는 궁리도 필요

1, 2단계에서 자신에게 필요한 물건을 잘 분간해 낼 줄 알게 된 사람이라면 무턱대고 물건을 사는 행동을 자제하게 될 것이다. 쓰기 편한 수납을 유지하기 위해서는 불필요한 물건을 늘리지 않는 마음가짐이 중요하다.

137_ 물건을 쌓아두는 데도 기력과 체력이 필요한 법, 일찍부터 정리수납을 시작하자

퇴직 후의 생활을 구체적으로 상상하자

3, 40대에는 가족과 살림살이 모두 커지지만, 아이가 커서 독립하고 나면 살림을 확대할 필요가 없다. 또 부부의 체력도 떨어지게 마련이다. 많은 물건을 가지고 유지하는 데에도 많은 체력이 필요하다. 앞으로 바뀔 생활에 맞추어 정리와 수납을 다시 점검해야 할 시점이라는 생각이 들더라도, 무작정 "심플하게"라고만 하면 따분하기도 하고 정리할 마음도 생기지 않게 마련이다. 50대 이하의 세대는 퇴직하고 난 뒤를 얼마나 즐기면서 쾌적하게 살아갈 것인지 구체적으로 상상하는 일부터 시작하자. 노후의 집을 신축하는 경우는 서로 간호를 해야 하는 일 등을 염두에 두자.

생활 도구는 적게, 일상용품은 조금 많은 정도로

아이들이 독립한 뒤의 가족 생활에서는 생활도구나 잡화가 새롭게 필요한 일은 거의 없다. 지금 사용하는 물건을 꺼내기 쉽게 정리하고 그밖의 물건은 정리해 나가자. 일상용품은 젊었을 때는 필요할 때 쉽게 사러가게 되지만, 이제부터는 그럴 수 없는 경우도 있을 수 있으므로 당장 필요한 것보다 조금 더 많은 정도로 가지고 있는 편이 낫다. 노후의 생활은 남아 있는 시간과 돈을 의식하면서 살아가는 일이다. 지금 있는 물건을 살리고 불필요한 물건을 가능한 한 사지 않도록 하자.

138_ 너무 억지로 버리려고는 하지 말자

오랜 시간 동안 사용해 온 물건은 필요 여부를 가리는 일 자체가 어려울 수도 있다. 그 물건을 손에 넣은 사연, 이를 통해 삶을 추억하는 일은 자신이 살아온 길을 되돌아보는 기회이기도 하다. 일과 자녀 부양에서 벗어나 차분하게 가지고 있는 물건들과 마주해 보자. 그 물건이 하던 역할이 끝났다고 확신할 수 있다면 기분좋게 처분할 수 있을 것이다.

한편 사용하지는 않지만 도저히 버릴 수 없는 물건도 자꾸 생기게 마련이다. 이럴 때는 억지로 버리지 말고 추억의 물건을 수납하는 장소를 만들어보자. 소중한 추억을 되살려주는 물건은 '불필요한 것'이 아니기 때문이다.

Part 3

집짓기에 필요한 세금은 얼마나 될까

집 짓기를 마음 먹고 예산을 세울 때 흔히 저지르는 실수는 '건축비'만을 생각한다는 것이다. 비용에 관한 부분은 건축주, 건축가, 시공자 모두의 입장에서 예민한 문제이기 때문에 처음부터 꼼꼼하게 계획을 세워야 한다. 금액과 동시에 지불시기를 숙지하고 있어야 곤란한 상황을 피할 수 있다. 세세한 비용 항목과 시기, 변수 등을 메모해 다이어리로 보관하면 차후에 유지·보수 시기에도 활용할 수 있다.

139_ 집만 짓는다고 끝이 아니다

7대 3을 기억하라

처음 집짓기 비용을 계획할 때, 무엇보다도 전체 비용을 확실히 파악해야 한다. 기본적인 공사비만으로는 꿈꾸던 집에 들어갈 수 없다. 예를 들어, 설비에 관한 비용은 대체로 별도의 공사비(부대공사비)로 취급된다. 특히 건축가를 통하지 않고 시공업체와 단독으로 진행하는 경우에는 시공업체에서 평당($3.3m^2$) 단가를 제공하는 경우가 많기 때문에 건축주는 그것을 공사에 드는 총비용으로 착각하기 쉽다. 그렇지만 평당 단가는 어디까지나 설계단계에 작성한 본체공사비만 해당될 뿐, 실제로 시공을 시작하면 추가로 설치해야 할 사항이 엄청나게 늘어나기 마련이다. 거기에 마당 설비나 등기, 이사에 관련된 비용 등도 빼놓을 수 없다. 본체공사비 이외에 옵션공사비, 별도공사비, 제경비 등은 사례별로 또 건축주의 취향에 따라 천차만별이다. 일반적으로 집짓는 데 사용되는 총비용을 10이라고 했을 때 본체공사비는 7, 부대공사비와 제경비는 3이 든다고 한다. 예산을 초과하지 않으려면 총비용을 빠짐없이 파악해 두자.

미확정 공사비 정리하기

우선, 공사비 부분에서 주의해야 할 점들을 체크해 보자. 시공사에서 제공하는 모델하우스를 보고 선택한다 하더라도 세부 비용을 잘 정리하기가 쉽지 않다. 흔히 알고 있듯 모델하우스는 빈약하게 보이지 않도록 규모도 크고 인테리어도 표준사양 외의 것까지 사용해 만드는 것이 일반적이다. 자신이 최종 결정한 설계대로 견적이 나오기 전까지는 표준으로 제공되는 평당 단가를 기준으로 삼으면 절대로 안 된다. 개별적으로 제시하는 견적서에는 본체공사비, 표준사양 이외에 공사비에 관한 세부 항목이 표시되어 있기 때문이다.

또 미리 알아두어야 할 것은, 어떤 업체에 의뢰를 해도 반드시 '별도의 공사비'가 발생한다는 점이다. 예를 들어 수도, 전기 등의 옥외공사, 가스공사 전반은 당초의 견적에서는 금액을 명시하지 않는 것이 일반적이다. 대지의 조건이 겉으로 봤을 때와 달리 추가 공사가 필요한 상황이 생길수도 있고, 애초에 구상한 설계를 변경해 비용이 달라질 수도 있다. 인테리어, 외부공사, 조경 등의 비용도 건물 전체의 설계가 어느 정도 진행됐을 때 상세하게 결정하는 경우가 많기 때문에 추가 비용으로 느껴질 수 있다.

견적서를 쓰는 방법은 시공사에 따라 다르고, 초기 건축 계획을 세우는 단계에서부터 정식으로 결정하기까지 여러 차례 견적을 제시 받는다. 그때마다 확실히 체크해야 한다. 그리고 견적서에 명시된 금액이 어느 범위까지를 적은 것인지 확인해야 한다. 또한 명시된 사항 이외에 미확정 비용이 무엇인지도 조사해야 한다. 더불어 미확정 금액들이 언제 결정되는지 체크해야만 시기별로 필요한 자금을 조달할 수 있다.

집짓기 총비용 내역

본 체 공 사 비	건물 본체에만 들어가는 공사비. 시공사가 제공하는 경우에는, 표준사양만을 표기한 경우가 대부분이다.	약 70%
설 계 비	건축가에게 의뢰한다면 시공비와 별도로 설계비를 건축가에게 지불해야 한다.	
옵 션 공 사 비	주로 욕실, 부엌, 다용도실, 저장실, 창고 등 일반적인 공간 이외에, 설계할 때 추가하는 공간에 대한 공사비이다.	
부 대 공 사 비	기본 본체 이외에 인테리어 비용. 기본 설비 비용은 별도 취급하는 경우가 대부분이다.	약 20%
제 경 비	시공 외의 부분에서 발생하는 비용. 측량비(분양받거나 매매한 땅의 크기에 이견이나 거래관계에서 갈등이 있을 때), 지질조사비(땅에 문제가 있음을 발견했을 때), 건축허가비, 등기, 세금, 주택다출 관련 비용, 이사 관련 비용, 가구 구입비 등이 있다.	약 10%

140_ 천차만별 제경비

친절한 시공사는 본체공사비, 부대공사비 이외에 등기 비용, 세금, 대출수속 비용 등을 참고란에 부기해 주기는 경우도 있다. 하지만 기본적으로 견적서는 공사를 의뢰받은 측이 자신이 받을 금액을 표시하는 것이기 때문에 건축주가 관공서, 은행, 세무기관 등에 직접 내는 비용은 포함되어 있지 않다고 생각하는 편이 좋다. 집짓기의 총비용은 다른 누구도 아닌 건축주 본인만이 관리할 수 있다는 자세가 중요하다. 어떤 비용이 발생할지는 상황에 따라 다양하지만 재건축인지, 신축인지, 땅부터 구입하는지, 소유하고 있는 토지에 짓는 것인지에 따라 기본적인 큰 비용이 달라진다. 재건축의 경우 완공할 때까지 임시로 살 거처를 마련해야 하니 집세나 짐 보관료 등도 발생하고, 이사 비용도 두 번 든다. 가구 비용은 신축할 때 특히 신경을 많이 써야 하는데, 이사 시점에 어느 선까지 구입할지 본인이 판단하지 않으면 안 된다. 이웃에 이사 인사와 집들이 등 소소한 행사 비용도 생각하기 나름이다. 주택담보대출은 빌리는 액수와 개인 신용에 따라 금리도 다르고 담보 성격도 달라진다. 이렇게 지불처가 각기 다른 자잘한 비용을 정리하면 총비용의 약 10퍼센트가 된다. 이 제경비는 기본적인 주택대출의 융자 대상에는 포함되지 않는다. 제경비용에 대한 대출도 있지만, 주택대출과는 별도이고 비교적 금리도 높은 무담보형 융자와 같은 형식이다. 가능하면 자기 자금으로 커버해야 할 부분이다. 자신의 상황에 맞는 비용 지불 리스트를 만들어서 돈이 필요한 시점에 미리 자금운용을 계획하는 것이 중요하다.

141_ 주택담보대출은 이렇게

필요서류

주택담보대출을 받고자 하는 경우 먼저 은행에서 주택담보대출에 대한 '핵심설명서'를 통해 상품별 특성을 파악할 수 있다. 핵심설명서는 금융소비자의 권익 보호 및 금융상품에 대한 이해 증진을 위해 상품의 핵심내용을 알기 쉽게 작성한 것이다. 따라서 각 주택담보대출의 상품내용을 충분히 이해한 뒤에 계약여부를 결정하는 것이 바람직하다.

주택담보대출 계약은 대출거래약정서 작성을 통해 이루어지게 된다. 현재 은행과 고객 간에 이루어지는 대출거래의 계약조건인 「약관」은 구체적으로 개개의 계약에 대한 그 계약내용의 구성부분으로 되어 계약당사자를 구속하는 효력을 갖게 된다. 따라서 대출거래 약정시에는 관련사항을 듣고 계약을 체결해야 한다.

대출에 필요한 서류는 본인 신분증과 부동산 등기권리증, 부동산 등기부등본, 인감증명서 등 부동산의 근저당권 설정에 필요한 서류, 그리고 본인(또는 배우자)의 소득을 입증할 수 있는 서류 등이 있다. 소득입증서류를 은행에 제출하지 않는 경우대출금리가 인상될 수 있으며, 부채비율이 일정수준 이하인 경우는 금리우대를 받을 수 있으므로 소득이 있는 경우 반드시 소득입증서류를 제출하여야 한다.

> 인감증명서 2통, 주민등록등본 2통, 원초본 1통, 등기권리증(매매계약서), 인감도장, 통장, 신분증 그리고, 국세·지방세 완납증명서와 은행에서 요구한 소득증빙자료.

대출 한도

아파트가 아닌 빌라·연립·단독주택 등과 같은 일반주택의 담보대출시에는 총 부채 상환비율, 즉 DTI가 적용되지 않는다. 그러므로 대출을 받으려는 사람은 소득증빙이 안 되더라도 가능하다. 그리고 기존 부채가 있더라도 상관없이, 신용 6~7등급 이내라면 (주택금융공사 u-보금자리론은 신용 9등급까지 대출가능) 시중 제1금융기관에서 대출을 받는 데 큰 어려움이 없다.

일반주택의 담보대출시에는 별도의 주택감정평가를 거친 후, 그 감정가를 기준으로 보통 60%(1금융권) ~ 80%(2금융권)까지 대출이 가능하다. 따라서 무료 감정평가인 탁상감정을 의뢰하여 대출가능여부와 금액을 확인하는 것이 우선이며, 기간은 약 하루 정도가 소요된다.

주택감정가는 주택의 공시지가보다는 높게 책정이 되지만, 주택의 현재 시세보다는 낮게 책정이 된다. 일반적으로 주택 시세의 70~80% 수준에서 책정된다.

대출상품 선택방법

주택담보대출 금리방식은 크게 고정금리방식, 변동금리방식 및 혼합형의 세 가지가 있다.

소비자가 부담하게 되는 대출금리는 〈기준금리 + 가산금리 - 우대금리〉로 결정된다. 기준금리는 금융기관의 자금조달비용, 가산금리는 소비자의 신용도, 우대금리는 소비자의 금융거래 실적에 따라서 결정된다. 변동금리대출이라도 일반적으로 가산금리와 우대금리는 변동하지 않으며, 기준금리만 시장금리에 연동하여 변동한다.

전국은행연합회 홈페이지(www.kfb.or.kr)에는 시중 은행의 주력 주택담보대출을 금리 및 상환조건별로 비교 공시한 주택담보대출 상품비교표가 있다. 이 표는 주택담보대출을 받고자 하는 소비자를 위해 각 은행별로 가장 많이 판매되거나 최근 고객들이 많이 대출을 받는 대표상품들에 대해 대출조건, 금리, 수수료 및 주요 특징 등을 알기 쉽게 나타내고 있다. 이 대출상품 비교표를 이용하면 본인에게 맞는 대출을 선택하는 데 도움을 받을 수 있다.

그리고 금융감독원에서는 소비자가 대출상품에 대한 전반적인 이해를 돕고자 금융기관으로 하여금 대출상품설명서(또는 핵심설명서)를 교부토록 하고 있다. 이 대출상품설명서 내용을 충분히 듣고, 궁금한 내용은 반드시 확인하기 바란다.

142_ 주택담보대출 금리 낮추기 전략

주거래은행을 이용하라

은행은 거래실적이 높은 고객에게 더 높은 신용등급을 부여한다. 주거래은행을 이용하면 우대금리 혜택을 받을 수 있는 기회도 늘어난다. 우리은행의 경우 우수고객 등급에게는 0.3%포인트의 우대금리를 적용해 준다.

주거래은행에 가족거래 집중하라

일반적으로 은행은 가족관계를 등록해서 통합적으로 고객을 관리하는 시스템을 가지고 있다. 따라서 가족거래를 한 은행에 집중하면 개인의 거래실적과 신용등급을 높일 수 있게 된다.

3자녀 이상 우대금리 활용하라

현재 하나은행과 국민은행 등은 만 20세 미만의 자녀 셋 이상을 부양하는 고객에 대해 0.1~0.3%포인트의 대출금리를 할인해 준다. 이러한 혜택은 정부의 출산장려정책에 따라 향후 전체 금융권으로 확산될 전망이다.

신용카드 결제를 집중하라

각 은행은 신용카드 실적에 따라 0.1~0.3%포인트의 우대금리를 적용하고 있는데, 사용액에 따라 우대금리가 다를 수 있으므로 사전에 확인할 필요가 있다. 각종 통신비와 공과금을 한 카드로 관리하는 것도 효과적이다.

급여통장을 변경하라
급여통장 이체고객에게는 일반적으로 0.2%포인트 가량의 우대금리가 적용된다. 국민은행의 경우에는 일정 등급 이상인 고객에게 0.3%포인트를 적용해 주기도 한다.

주택담보대출 체크리스트
250쪽 표 참조

143_ 특히 제경비는 지불 시기를 확인하라

자금 계획에서는 비용의 목록과 함께 지불 시기를 따져야 한다. 공사비 자체도 통상적으로는 3회 정도로 나누어 지불한다. 보통 공사 계약 직후, 상량 후, 완공 후 정도로 구분한다. 주택대출을 신청해도 실제 대출금은 완공 후에 지급받을 수 있기 때문에 그 이전에 드는 비용에 관해서는 계획을 철저히 세워야 한다.

집짓기의 제경비와 지불시기
251쪽 표 참조

144_ 등기 비용에는 세금과 수속대행 비용이 포함된다

비과세가 되는 등기라 하더라도 수속대행 비용은 발생한다. 부동산 등기비도 만만찮은 비용이다. 우선, '표시 등기'는 등기부를 만드는 최초의 등기이다. 건물의 경우 신축한 사람에게 등기 의무가 있다. 의무화된 대신에 등록면허는 들지 않지만 수속 시 도면첨부 등의 전문성이 필요하기 때문에 토지가옥조사사(타인의 의뢰를 받아

주택담보대출 체크리스트

구 분		○○은행	△△회사	◇◇회사
1. 대출받을 수 있는 금액은 얼마입니까?		1억 원		
2. 상환방식, 만기, 금리에 대하여 상담하십시오. (동일한 금리라도 상환방식과 만기에 따라 매월 상환금액이 달라집니다.)				
가. 대출금 상환방식의 장점과 단점이 무엇인지 상담하고 결정하십시오.				
	원리금 균등상환 방식			
	원금 균등상환 방식	○		
	만기 일시상환 방식			
나. 만기는 몇 년이 적당합니까?		10년		
다. 거치기간이 필요할까요?		아니오		
라. 금리는 몇 % 입니까? (변동금리는 금리인상 가능성을 고려하여 고정금리와 비교하십시오.)				
	① 변동금리 (변동주기를 확인하세요)	5.5%		
	② 만기동안 예상되는 금리변화	△ 0.5~1%p		
	③ 고정금리	6.0%		
	④ 금리차이 (① + ② - ③)	0~1%		
마. 우대금리를 적용받을 수 있습니까? (급여이체, 신용카드 등 거래실적에 따라 금리혜택이 있을 수 있습니다.)		△ 0.2%		
바. 기타 수수료가 있습니까?				
3. 실제로 부담하는 연간 총비용 (라-마+바)		5.8%		
4. 현재의 가처분소득으로 상환하는데 문제가 없습니까?(①-②-③= 원)				
① 월소득		3,000,000		
② 월지출(교육비, 생활비 등)		2,000,000		
③ 매월 대출원리금 상환액		586,753		
5. 미래(3년 후) 가처분소득으로 상환하는데 문제가 없습니까?(① - ② - ③)				
① 월소득				
② 월지출(교육비, 생활비 등)				
③ 매월 대출원리금 상환액				
6. 대출금을 만기이전에 상환할 경우 중도상환수수료는 얼마입니까?		0.5~2%		
7. 근저당권 설정비용은 얼마입니까?		1,000,000		

집짓기의 제경비와 지불시기

	주요 비용		지 불 처	지불시기
수속관련	토지매매계약서 인지대		인지구입처	계약시
	지반조사비용		조사회사	플래닝 전
	건축확인신청비용		시공처등 수속대행처를 통해서 지불	건축확인신청시
	공사청부계약서 인지대		인지구입처	계약시
주택대출관련	대출계약서 인지대		인지구입처	건물완성 후, 대출의 정식계약시
	국민주택채권 매입		금융권	
	등록세		2011년 4월 6일 공정거래위원회 표준약관 개정으로 금융권에서 부담	
	지방교육세			
	법무사수수료			
	등기신청수수료			
	감정평가수수료			
토지나 집	토지의 소유권이전등기	취득세, 법무사수수료	취득세는 등기소, 법무사수수료는 법무사	등기시
	건물의 소유권 보존등기	취득세, 법무사수수료		
그 외	이사, 임시거처, 짐 보관료 등의 비용		운송회사, 집주인, 짐 보관업자 등	이사시기, 임시거처 기간 등
	상량식, 이웃 인사 등의 비용		의식의뢰처, 인사물품구입처 등	각각의 실시시기
	가구나 가전제품의 구입		구입처	건축 후
집의 취득이나 보유의 세금	부동산취득세		시군구 (2011년부터 등록세와 통합) -세율: 4.6% (취득세 4%, 교육세 0.4%, 농어촌특별세: 0.2%) (전용면적 85㎡와 9억원 기준 및 다주택자 여부에 따라 다소 차이)	주택을 취득한 후 30일 이내에 등기하는 경우 세액의 50%를 선납하고, 나머지 50%는 취득세 납부기한(취득 후 60일 이내)까지 납부
	재산세		시군구(2011년부터 도시계획세와 통합)	매년 6월 1일이 과세기준일로 납부 시기는 토지 9.16 ~ 9.30, 주택 7.16 ~ 7.31
	종합부동산세		거주자 주소지 세무서 -주택: 공시 가격을 합산한 금액이 6억 원을 초과한 경우 -토지: 공시 가격을 합산한 금액이 5억 원을 초과한 경우	매년 6월 1일이 과세기준일로 부과 시기는 12.1 ~ 12.15

토지나 건물이 어디에 있고 어떤 형태인지, 어떻게 사용되고 있는지 등을 조사, 측량하여 도면작성, 부동산 표시에 관한 등기신청수속 등을 해주는 전문가)에게 비용을 지불하여 맡기는 것이 일반적이다.

다음으로 소유권의 등기는 소유권을 다른 사람에게 주장할 수 있도록 하는 등기이다. 등기할지 말지는 건축주의 선택사항이고, 등기할 경우 등록면허세가 든다. 게다가 주택대출을 하면 저당권의 등록면허세가 든다. 그리고 이것들의 수속을 법무사에게 맡기면 수수료가 든다.

이때, 주의해야 할 것이 대행 비용이다. 스스로 신청할 수 있는 등기도 있지만 공사청부처, 금융기관 등과의 복잡한 업무는 전문가를 통해 대행하는 경우가 많다. 토지가옥조사사, 법무사 등의 비용도 확인해 두자.

145_ 집짓기의 부담을 덜어주는 세금 특례

자신의 경우에 맞추어 세금의 정보를 수집하는 것이 중요하다. 주택취득자의 부담을 덜어주는 특례제도가 있다. 특례가 누구에게 해당되는지, 수속은 필요한지 등을 확인해 두자.

우선은 집짓기의 흐름에 맞추어 어떤 특례의 정보를 모으면 좋은지를 정리해 보자. 자기자금을 만들 때에 부모님으로부터의 자금 원조를 받을 경우 통상은 증여세가 든다. 하지만 상속시에 정산이 가능한 특례가 있다. 증여세는 1년분의 증여를 합쳐서 다음 해에 신고하는 형식이 있기 때문에 실제로 수속은 나중이지만 부모님의 원조를 받는 사람은 신고단계에서 확인해 두어야 한다.

살면서 세금을 줄여나가는 경우도 있다. 주택대출을 한 사람들에게는 소득세의 공제가 있고, 이때 신고수속이 필요하다.

스스로 신고하는 세금, 납부서가 오는 세금

세금의 납부방법에는 신고납세 방식과 부과과세 방식이 있다. 신고납세는 납세하는 사람이 스스로 세액을 계산하여 신고서를 작성하여 납부한다. 소득세나 증여세가 이에 해당하고 경감조치를 받는 경우도 신고는 필요하다. 한편 부과과세는 과세기관이 세액을 계산한다. 그 방법 중에 납부서를 납세자 본인에게 직접 송부하는 것이 보통징수라고 불리는 형식인데, 부동산취득세나 재산세가 이것에 해당한다. 또 국세와 지방세를 관할하는 관공서가 다르기 때문에 문의나 상담 등을 할 때에는 주의하자. 소득세, 증여세는 국세이기 때문에 세무서에, 부동산취득세와 재산세는 지방세이기 때문에 해당 시군구에 납부해야 한다.

세금 특례의 활용

자금계획에서 부모로부터 원조를 받아 자기자금을 충실히 하고 싶다 》	증여세 경감의 특례가 있다 》	신고수속 필요
주택 취득에 대한 세금을 줄이고 싶다 》	인지세, 등록면허세, 부동산취득세 등에 주택취득자의 경감 특례가 있다 》	부동산취득세는 신고 필요
주택 보유에 대한 세금을 줄이고 싶다 》	재산세, 종합부동산세의 경감 특례가 있다	
신축 후 주택대출에 관한 소득세의 공제를 받아서 가계 부담을 줄이고 싶다 》	주택대출의 연말잔고에 대한 공제제도가 있다 》	신고수속이 필요. 급여생활자의 경우 환부의 형식을 취한다

세금을 줄이기 위한 기초 지식

주택을 취득했을 때, 보유하고 있을 때의 세금에 대해서 확인하자. 특정 조건에 충족할 경우 세금감면 혜택을 받을 수 있다. 이를 위해서 각 혜택을 받기 위해 필요한 신고 시한을 정확하게 알아둔다면 세금으로 지출되는 비용을 아낄 수 있다.

146_ 인지세

계약서를 교환할 때, 서면의 금액에 대한 인지를 붙이는데, 이때 발생하는 비용이 인지세이다. 인지세의 과세대상이 되는 계약서 등의 문서를 작성할 때는 반드시 인지를 구입하여 붙여야 한다. 건축주가 부담하는 것에는 토지매매계약서, 건물의 민간건설공사 표준도급계약서, 주택대출의 계약서(금전소비대차계약서) 등이 있다. 이 인지세의 액수는 서면에 기재되어 있는 금액에 따라서 결정된다. 기재금액과 세액의 대응을 아래의 표에 정리했다. 부동산의 양도, 건설공사의 계약 등에는 세액을 경감하는 특례가 실시되고 있기 때문에 그 액수를 표시했다.

예를 들어, 3억 원의 도급계약이라면 그 계약서의 인지대는 15만 원이 발생한다. 대출을 1억 원 이용한다면, 대출계약분의 인지대가 5만 원으로 이중 절반인 2만 5,000원을 건축주가 부담하면 된다. 나머지는 은행에서 부담한다. 만약, 추가공사 등이 있어서 건설공사도급계약서가 복수 작성되면 그때마다 인지대가 든다. 주택대출도 금융기관에서 1억 4,000만 원을 한번에 빌리면 인지세가 15만 원이지만, 1억 원과 4,000만 원으로 나누어 빌리면 합계는 같은 1억 4천만 원이라도 계약서가 2통이 되어 인지대는 7만 원으로 줄어든다. 계약서를 2번 작성하는 번거로움이 있지만, 인지대를 생각하면 나누어서 작성하는 것이 이득이다.

인지세의 개요 (경우에 따라 변동이 크니 개별확인 필요)

계약서의 종류	주택대출의 금전소비대차계약서
4,000만 원 이하	비과세
4,000만 원 초과 ~ 5,000만 원이하	4만 원(은행에서 50%부담)
5,000만 원 초과 ~ 1억 원 이하	7만 원(은행에서 50%부담)
1억 원 초과 ~ 10억 원 이하	15만 원(은행에서 50%부담)
10억 원 초과	35만 원(은행에서 50%부담)

계약서의 종류	토지매매계약서	공사청부계약서
계약서에 기재된 금액	주택의 경우 매매계약서상 기재 금액이 1억 원 이하인 경우에는 인지세가 비과세됨	공사의 발주자와 수주자 사이에서 공사청부계약시에 교환하는 계약문서로 공동작성자는 연대납부할 의무가 있다
1,000만 원 초과 ~ 3,000만 원 이하	2만 원	2만 원
3,000만 원 초과 ~ 5,000만 원 이하	4만 원	4만 원
5,000만 원 초과 ~ 1억 원 이하	7만 원	7만 원
1억 원 초과 ~ 10억 원 이하	15만 원	15만 원
10억 원 초과	35만 원	35만 원

147_ 소유권의 취득세

2011년부터 취득세와 등록세가 하나로 통합되어 최초 취득시 해당 시군구에 30일 이내에 신고한다. 신고가액의 50%는 30일 이내에 납부하고, 나머지 50%는 60일 이내에 납부할 수도 있다.

가장 먼저 필요한 절차는 소유권에 관한 등기이다. 신축건물의 건축주는 그 건물에 대한 보존등기를 신청한다. 동시에 토지는 전 소유자로부터 자신의 소유로 옮기는 것을 소유권이전등기를 한다. 이것들의 세액은 부동산의 평가액×세율로 계산한다. 여기서 우선 평가액을 정한다. 토지의 소유권 이전에서는 신고되는 거래가액으로 결정되며, 무신고 또는 신고가액의 표시가 없거나 그 신고가액이 시가표준액에 미달하는 때에는 그 시가표준액에 의한다(시가표준액=지방세제상 과세기준액). 신축주택의 소유권 보존에서는 새로 지은 가옥을 일정 방법으로 평가하지만 실제의 공사비용보다는 낮게 된다. 이런 평가액에 등기종류에 대한 세율을 곱한다. 토지의 소유권등기는 현재 4.6%, 건축물의 소유권보존등기는 3.2%가 원칙이다. 토지와 건축물을 하나로 분양받는 경우의 특례조항이 있으나, 이는 기간이 정해져 있거나 또는 국민주택규모 85m^2 이하 여부와 건축물 가액, 다주택 여부 등에 따른 다양한 가감요인이 있으니, 자세한 것은 해당 시군구 세무서에 확인해야 한다.

건물 소유권보존등기란?

특정 건물에 관하여 최초로 하는 등기를 말한다. 사람으로 말하자면 출생신고를 하는 것이다. 건축주가 자신의 토지 또는 제3자의 토지(제3자의 사용승낙을 받아)에 건물을 짓고, 해당 구청 건축과에 가서 사용승인신청서를 제출하여 그 승인이 떨어지면 건축물관리대장이 만들어진다. 이 건축물관리대장을 토대로 소유권보존등기 신청서에 첨부하여 등기소에 제출하면 등기소에서는 그 실체관계 여부를 판단하여 등기를 수리하게 되고 등기부상에 기입이 됨으로써 소유권 보존의 절차를 완성하게 됩니다.

소유권 보존등기 절차에 필요한서류

도면을 포함한 건축물관리대장 등본 1통(방향이 표시된 배치도면), 소유자(건축주)의 주민등록등본 1통, 등록세 영수필 확인서 및 통지서, 개인인감증명서 1통(개인인감도장 지참), 공시지가가 기입된 부동산의 토지대장 1통, 토지일 경우-국민주택채권매입필증, 위임장(대리인에 의하여 신청하는 경우)

제세공과금
취득세(과세표준액의 2.8%), 국민주택채권(과세표준액 기준), 대법원등기 수입증지(부동산 필지당 5,000원)

소유권 보존등기 절차
1. 구청에 가서 준비할 서류를 발급
2. 신청서를 출력
3. 관할 구청 세무과에서 해당 건물의 보존에 따르는 취득세 자진신고
4. 취득세는 그 즉시 납부하고 그 납부필증(취득세 영수필확인서 및 통지서)을 등기신청서에 첨부
5. 지시대로 편철과 날인하고 취득세 납부영수증, 인지, 증지를 붙여 신청서를 완성
6. 등기소에 가서 완성된 등기 서류를 제출
7. 등기가 끝난 후 등기필증 수렴

148_ 저당권의 등록면허세

2011년 4월 6일 공정거래위원회의 표준약관이 정당하다는 대법원의 판결에 따라 더 이상 주택담보대출시 저당권 설정액에 따른 등록세, 지방교육세, 법무사 수수료, 등기신청수수료, 감정평가수수료 등을 납부하지 않아도 된다.
단, 인지세는 금융기관과 각 50%씩 소비자가 부담한다. 또한, 국민주택채권은 이전과 동일하게 매입해야 한다. 참고로, 기존의 저당권 등록면허세의 세율은 0.24%였다.

149_ 재산세

재산세는 집이나 토지의 소유자에게 매년 6월 1일을 기준으로 해당 지자체에서 작성된 납부서가 보내져 매년 지불하는 세금이다.

지방세법 제111조에 의거한 재산세율

종합합산과세대상

과세표준	세율
5,000만 원 이하	1,000분의 2
5,000만 원 초과 ~ 1억 원 이하	10만 원 + 5,000만 원 초과금액의 1,000분의 3
1억 원 초과	25만 원 + 1억 원의 초과금액의 1,000분의 5

별도합산과세대상

과세표준	세율
2억 원 이하	1,000분의 2
2억 원 초과 10억 원 이하	40만 원 + 2억 원 초과금액의 1,000분의 3
10억 원 초과	280만 원 + 10억 원의 초과금액의 1,000분의 4

150_ 장기주택저당차입금 이자상환액에 대한 연말정산 소득공제

주택대출을 받은 사람에 대해서 소득세가 줄어든다

개인의 세금에는 집짓기에 관계없이 매년 지불하는 소득세도 있지만 주택대출을 해서 주택을 취득한 사람에게는 이 소득세를 경감하는 특례가 있다. 그것이 주택담보대출이자 소득공제(장기주택저당차입금 이자상환액에 대한 연말정산 소득공제)이다. 급여소득자처럼 소득세를 선지불하는 사람은 공제분이 환급된다. 신축자금에 도움이 되는 특례는 아니지만 주택 취득 후 가계의 부담을 가볍게 해주는 제도이므로 꼭 체크해 두자.

과거에도 같은 종류의 특례가 내용을 바꾸어 실시되어 왔지만, 현재의 특례는

2009년 1월 1일 이후의 것이다. 한 가지 특징은 30년 이상 대출을 했을 경우 1,500만 원까지 그 공제액이 증가한다는 점이다.

소득공제를 받기 위해서는 무주택 세대주이면서 근로소득자인 사람에 한해, 해당 주택이 국민주택규모 $85m^2$ 이하인 3억 원 이하이고 대출금 상환기간을 15년 이상으로 설정한 경우 주택의 소유권보존등기 또는 이전등기 후 3개월 이내에 신청해야 한다. 이때 혜택은 대출기간은 15년 이상으로 설정시 1,000만 원까지, 30년 이상으로 설정시 1,500만 원까지 가능하다. 대출금 이자액의 10~30%까지도 공제가 가능하기 때문에, 이자율로 따지자면 약 0.5~1.5%의 금리인하 효과를 얻을 수 있다.

옮긴이의 말

누구나 '마이홈'을 꿈꾼다. 자신이 원하는 공간에서 사랑하는 사람과 안락한 삶을 누리는 상상은 가장 쉽게 떠올리는 행복의 한 전형인지도 모르겠다.

모두가 '집'에서 살지만 내가 원하는 나의 집을 갖는다는 것은 쇼핑처럼 쉬운 일이 아니다. 그러기에 집은 너무 비싸고 너무 복잡하다. 이 책 『작아도 기분 좋은 일본의 땅콩집』은 마이홈을 꿈꾸는 사람들에게 도움이 될 만한 현실적인 내용들을 소개하고 있다.
집 지을 땅 고르기부터 전문가(건축가)와 만나기, 법규에 따른 제약, 용어와 비용적인 문제까지 총망라하여 집을 짓기 위해 반드시 알아야 할 내용들을 담았다.
건축적인 내용으로는, 좁은 대지면적을 최대한 활용할 수 있는 층 구조와 공적인 공간과 사적인 공간의 특징을 배려하면서도 동선의 효율을 살린 방배치와 조닝, 공간의 연결, 여기에 덧붙여 생활과 밀접한 인테리어와 수납법, 주택담보대출의 다양한 방법까지 놓치기 쉬운 세세한 궁금증까지 풀어냈다.

부제에서 보듯이 책은 '건축면적 6.35평의 작은 집 설계'로 시작한다. 건평 6.35평, 연면적 25평에 3세대 가족이 불편 없이 행복하게 살아갈 수 있다니, 설계의 묘미란 이런 것이구나 싶다. 또한 소개된 대부분의 집들이 우리에게는 아직 낯선 '목조 주택'이라는 점도 주목해 볼만하다. 일본의 경우에는 잦은 지진과 좁은 대지면적의 단점을 보완하기 위해 목조주택이 무척 발달했는데, 그만큼 공법 또한 다양하게 개량화되어 안정적인 목조주택을 시공할 수 있다고 한다. 이 책을 기반으로, 앞으로 국내에서도 이와 같은 작지만 기분 좋은, 작지만 단단한 무수한 땅콩집들을 만날 수 있기를 기대해 본다.

법규 제한과 대출에 관한 정보는 일본의 내용을 옮길 수 없어 한국 상황에 맞도록 바꾸었지만, 혹시라도 부족한 점이 있다면 널리 이해해 주셨으면 좋겠다. 지역과 토지의 성격에 따라 건축법이 워낙 까다롭기 때문에 책에 부분으로 싣기에 다소 어려움이 있었다. 집짓기를 준비하는 독자라면 매매하려는 땅에 관한 철저한 조사와 확인을 거듭 강조하고 싶다.

끝으로, 미흡한 역자에게 기회를 주신 도서출판 마티와 이 책의 디자인에 힘써 준 이원재 씨에게 고마움을 전하고 싶다.

박은지